Klaus Utz
Du gehörst zu uns!

Klaus Utz

Du gehörst zu uns!

Die Integration
von Kindern
mit auffälligem Verhalten

Herder
Freiburg · Basel · Wien

Gedruckt auf umweltfreundlichem,
chlorfrei gebleichtem Papier

Einbandgestaltung: Meike Hürster, Freiburg

Alle Rechte vorbehalten – Printed in Germany
© Verlag Herder Freiburg im Breisgau 1996
Satz: G. Scheydecker, Freiburg im Breisgau
Druck und Bindung: Freiburger Graphische Betriebe 1996
ISBN 3-451-23582-X

Inhalt

Zu diesem Buch 7
Einführung 8

1. Verhalten und Erleben bei Kindern 11
    Kinder im Wechsel zwischen den
    Bezugsgruppen 11
    Die ganzheitlich-systemische Sichtweise 17
    Beobachten – Erkennen – Verstehen 20

2. Auffälliges Verhalten als Botschaft 27
    Kinder als Seismographen 27
    Was ist „normales Verhalten"? 31
    Von der „Not-Wendigkeit", auffallendes
    Verhalten zu zeigen 34
    Keine Schuldzuschreibungen 39
    Einer ist vom andern abhängig 41

3. Auffälliges Verhalten in der wechselseitigen
   Beziehung 45
    Macht und Ohnmacht in Be- und Erziehung .. 47
    Zuwendung, Beständigkeit, Sicherheit,
    Vertrauen 53

Zeit, Ruhe und „gute Nerven" 58
Regeln und Grenzen 63
Freiraum, Phantasie, Kreativität 68
Selbständigkeit, Selbstvertrauen, Mut,
Loslösung 75
Wenn professionelle Hilfen nötig werden ... 80
Freude und Belastung, Flow und Burnout ... 86
Umgang mit auffälligem Verhalten bei
Kindern 92

Zu diesem Buch

Ob junge Erzieherinnen wohl ahnen, auf welches Abenteuer sie sich mit ihrer Berufswahl eingelassen haben? Wer sich eine ruhige und einfache Tätigkeit vorgestellt hat, wird bald merken, daß die Praxis ganz anders aussieht.
Kinder sind voller Leben, keines gleicht dem anderen, jedes hat seine eigene Vorgeschichte, seine eigenen Erfahrungen, Vorstellungen und Bedürfnisse.
In diesem Buch geht es um Kinder, die auffälliges Verhalten zeigen. Sie tun dies auf ganz unterschiedliche Weise, und wir müssen jeden Tag neu zu verstehen suchen, was sie uns sagen wollen. Denn nur dann können wir ihnen helfen. Diese Kinder können uns bis an die Grenzen unserer Belastbarkeit bringen, sie fordern alle unsere Kräfte heraus, aber sie bereichern uns auch und vermitteln uns positive Erfahrungen, die so in kaum einem anderen Beruf möglich sind.
Der Autor dieses Buches arbeitet schon viele Jahre mit Kindern, die auffälliges Verhalten zeigen, aber auch mit deren Eltern und mit Erzieherinnen in Tageseinrichtungen für Kinder. Er möchte Hilfestel-

lung dabei geben, die Botschaften zu entschlüsseln, die uns Kinder durch ihr auffälliges Verhalten senden wollen, und Möglichkeiten zu entwickeln, wie diesen Kindern geholfen werden kann.

Es gibt immer mehr Kinder, die Verständnis und Hilfe brauchen. Wir sollten uns dieser Herausforderung stellen.

Marta Högemann

Einführung

Im Verstehen und Umgang mit Kindern, die auffälliges Verhalten zeigen, ist die wechselseitige Beziehung der Kinder mit den Erzieherinnen ausschlaggebend. Deshalb sollen im folgenden nicht einzelne Verhaltensweisen des Kindes analysiert werden, es geht vielmehr darum, die Interaktion, das Miteinander der Erzieherin (ich wähle die weibliche Form, da es sich bei der großen Mehrzahl um Frauen handelt) mit dem jeweiligen Kind zu betrachten. Ziel ist, unsere Haltung gegenüber dem auffälligen Verhalten beim Kind durch andere Sichtweisen in positiver Form zu verändern.

Kinder, die „nerven", „provozieren", „böse sind", machen einen Großteil der besonders emotional aufreibenden Probleme für die Erzieherin im Kindergarten (aber auch im Hort, für Eltern, in der Schule usw.) aus.

Wesentlich ist, zwischen der Person des Kindes und seinem Verhalten zu unterscheiden. In meinem

Menschenbild ist kein Kind „böse", sondern sein Verhalten ist so verstört, daß es für seine Umwelt auffällig wird. *Neben der Vielzahl der Kinder, die ihre Entwicklung unauffällig durchlaufen, gibt es eine immer größer werdende Zahl, deren Verhalten für die Erzieherin auffällig ist.* Aus ihrer kompetenten Verantwortung heraus muß sie sich besonders für diese Minderzahl engagieren. Sie befindet sich aber auch in der Gefahr, das Kind durch ihre „Definitionsmacht", d. h., die Entscheidung über normales und auffälliges Verhalten festzulegen, Weichen zu stellen, die für das einzelnen Kind in seinem Lebensfeld verheerende Folgen haben können. Diese Definition ist wesentlich abhängig von der Haltung der Erzieherin, ihrer subjektiven Wahrnehmung, ihrer Erfahrung, ihren Normen, Werten und Einstellungen.

Auffälliges Verhalten ist primär als eine Botschaft, ein Notsignal des Kindes zu verstehen. Es ist nur zu verstehen, wenn wir die Ganzheit des Kindes, seine Individualität, aber auch seine Eingebundenheit in sein Lebensfeld – seine Kindergartengruppe, seine Familie usw. – erfassen können.

Verhalten geschieht immer in bestimmten Situationen. Gleiches Verhalten – schreien, rennen usw. – kann je nach Situation auffällig oder unauffällig sein, stören oder angepaßt sein. Um auffälliges Verhalten zu verstehen, konzentrieren wir uns auf die Dreiheit von Kind, Erzieherin und Situation und deren ständige wechselseitige Beeinflussung.

Im Umgang mit Kindern, besonders mit denen, die auffälliges Verhalten zeigen, brauchen wir immer wieder „Horizonterweiterungen", um in unseren häufigen Gefühlen von Unsicherheit, Hilflosigkeit und eventuell auch Resignation nicht ebenfalls verstört zu reagieren. Gerade die Erzieherin mit viel Einfühlungsvermögen und Erfahrung weiß, wie schnell wir geneigt sind, Kategorien, Zuschreibungen wie z. B. „der Verhaltensgestörte" zu benutzen, und wie oft sie sich als falsch erweisen. *Es gibt nichts Schlimmeres in unserem Beruf, als Erziehende, die meinen, alles zu wissen.* Aufgrund unserer Aus- und Weiterbildung und der vielfältigen Alltagserfahrungen tragen wir leicht Scheuklappen und neigen zu „Verkrustungen". Wir können aber auch bei jedem Kind, jeder Verhaltensweise und in jeder Situation Alternativen des Reagierens finden, wir können andere Sicht- und Handlungsmöglichkeiten wahrnehmen, können dann im größeren Spielraum unseres Verhaltens – den Kindern gegenüber eine andere Haltung und Einstellung einnehmen. Dies ist gerade bei Kindern mit auffälligem Verhalten faszinierend und attraktiv: Sie provozieren uns zum Nachdenken, zur Infragestellung unserer bisherigen Sichtweise. Dies kann – bei aller „Nervenabnutzung" – auch Erfüllung bringen, ja Spaß machen, da es uns zum Sinn unseres pädagogischen Berufes zurückführt.

Ich wünsche Ihnen, daß Sie in der anstrengenden und oft auch frustrierenden Tätigkeit Freude erleben können, daß Sie Zufriedenheit in der intensiven, wechselseitigen Beziehung erfahren, durch eine positive Grundhaltung auch gegenüber dem Kind, das auffälliges Verhalten zeigt.

I. Verhalten und Erleben bei Kindern

Kinder im Wechsel zwischen den Bezugsgruppen

Wir neigen dazu, wo immer wir auch leben und arbeiten, uns und unser direktes Umfeld als „Nabel der Welt" zu sehen. Eltern sehen oft ihre Familie, der Lehrer seinen Unterricht, der Chef seinen Betrieb, die Erzieherin ihre Kindergartentätigkeit als Lebens- und Bedeutungsmittelpunkt.

Und doch sind wir, wie unsere Institution, nur ein Baustein in der Sozialisation, bei der Erziehung des einzelnen Kindes.

In unserem psychosozialen Beruf ist es manchmal gut, sich auch für entbehrlich zu halten, sonst stehen wir permanent unter dem Druck, die Welt verändern zu müssen!

Als ich in einer Runde von fünf „wichtigen" Funktionsträgern der Jugendhilfe saß, erzählte ich den

Kollegen zu Beginn, daß sich da, wo wir jetzt die Errichtung eines neuen Kindergartens planten, früher eine offene Wiese mit Bäumen befand, auf der ich mit meinen Freunden oft und intensiv spielte. Ich wehrte mich damals mit Händen und Füßen, in einen Kindergarten zu gehen, und schaffte es auch. Bei diesem Gespräch zeigte sich interessanterweise, daß auch diese wichtigen Funktionsträger nie in einem Kindergarten waren.

Die Zeiten haben sich geändert – jetzt gehe ich gern in Tageseinrichtungen und halte sie für unbedingt notwendig.

Wir müssen uns aber davor hüten, diese Einrichtung für das wichtigste oder gar das einzige Lebens- und Erfahrungsfeld des Kindes zu halten. Der Kindergarten, die Erzieherin, die Gruppe und die Räume bilden für das Kind einen wesentlichen Erlebnisraum; es gibt andere Lebensräume, die in der Entwicklung des Kindes genauso wichtig oder noch wichtiger sind. Der Kindergarten ist für das Kind eine subkulturelle Einheit, in dem es wesentlich Werte, Haltungen, Verhaltensweisen, Regeln und Ordnungen über Prozesse des sozialen Lernens erfahren, erlernen und in seine Person aufnehmen und integrieren kann.

In bezug auf die hier beschriebenen Kinder, die auffälliges Verhalten zeigen, ist es aber für uns als Bezugspersonen notwendig, die anderen subkulturellen Gruppen zu sehen, ihre Bedeutung zu erkennen, sie als wesentliches Element der für uns oft unverständlichen Verhaltens- und Erlebnisweisen des Kindes zu akzeptieren und in unsere Sichtweise zu integrieren.

Am deutlichsten wird dies bei ausländischen Kindern:

Der 6jährige Philippe liegt in der Hängematte im Spielraum, ich schaukle ihn – eine Situation, die sehr zum emotionalen, zum gefühlsbetonten Phantasieren anregt – und bespreche mit ihm ein Leben ohne den permanenten Streit und Ärger, den er zur Zeit hat. Er stellt sich ein Leben als Schafhirte in Sizilien vor. Er ist verantwortlich für seine Tiere, ist allein mit seiner Familie in einem Häuschen in den Bergen. Er genießt das Alleinsein, das Spiel mit Gräsern, mit seinen Jungtieren am vorbeifließenden Bach. Nur ab und zu kommt ein Freund, mit dem er dann herumrennen darf – in Freiheit, ohne Anordnungen. In der Realität lebt er in einem Notquartier auf engstem Raum. Seine Mutter läßt ihn nicht „runtergehen", „denn da sind die größeren Araberbuben, die schlagen mich immer, weißt du, mein Freund Achmed ist auch Araber". Er darf mit seinen Eltern in die hektischen Supermärkte einkaufen gehen, und er geht in den Kindergarten, aber „auch dort sind viele andere, es ist laut, und ich werde immer beschimpft". Im gleichen Haus wohnen seine Großmutter und sein Onkel mit Familie. Auch dort sind viele Menschen auf engstem Raum versammelt, und es ist laut ... Sein Vater ist schon lange arbeitslos und bezieht Sozialhilfe für die Familie. Diese Bedingung seines Umfeldes ist für Philippe trotz ihrer Bedeutung nicht zu sehen und nicht zu verstehen. Sie wird für ihn nur deutlich durch die Unzufriedenheit des Vaters, die andauernden Spannungen zwischen seinen Eltern, die wegen des fehlenden bzw. nicht ausreichenden Geldes und der zu kleinen Wohnung etc. entstehen. Leider können wir auf diese äußeren Faktoren, die sich auf ein verhaltensauffälliges Kind auswirken, keinen Einfluß haben.

> Das Kind in seiner Gesamtheit sehen heißt, die sein Leben prägenden Bezugsgruppen zu kennen und in unsere Erziehungsarbeit hineinzunehmen.

Die kompetente Erzieherin versucht immer wieder, die Erlebnisse des Kindes in seinem erweiterten Lebensumfeld zum Thema in der Gruppe zu machen (über Rollenspiele, Bilderbuchbetrachtung, über Erzählungen, das Malen usw.). Es geht nicht nur darum, dem Kind zu helfen, sein bedrückendes, verunsichertes Erleben in den verschiedenen Bezugsgruppen zum Ausdruck zu bringen, es geht auch um unsere eigene Verstehensmöglichkeit des Erlebens und Verhaltens dieses einzelnen Kindes. Auch hier ist viel Einzelzuwendung, viel Zeit und Ruhe erforderlich, um an die meist verschütteten, verdrängten, weil so schmerzlichen Gefühle bzw. Lebenssituationen (Fachausdruck: Traumata) heranzukommen: daß der Vater ausgezogen ist, die Oma nicht mehr besucht werden darf, Alkohol bzw. Gewalt die Familie beherrschen, Umzug mit Beziehungsabbruch, frühere Kriegs- bzw. Gefangenschaftserlebnisse usw. vorhanden sind.

> Kinder, die auffälliges Verhalten zeigen, sind oft so verstört, weil sie in einer ver-rückten Welt leben, weil sie durch für sie unverständliche Umstände stark verunsichert sind.

Für die Erzieherin heißt dies – wieder als weitere Aufgabe außer der direkten Arbeit in der Gruppe –, immer wieder mit den Eltern zu sprechen, andere Bezugspersonen bzw. -gruppen aufzusuchen, kennenzulernen und mit ihnen zusammenzuarbeiten. Das ist notwendig, um weitere Informationen zum gegenwärtigen oder früheren Lebensumfeld des Kindes zu erhalten, sie in der Beziehung zu diesem Kind umzusetzen – aber auch, um selbst als wichtige Bezugsperson des Kindes die andere, alternative Sichtweise zum Verhalten des Kindes zu erhalten und sie im Umgang mit ihm einzusetzen.

Für Kinder sind die Bezugsgruppen von großer Bedeutung. Der Wechsel der Bezugsgruppen bedeutet in der heutigen, sehr stark auf die pädagogische Entwicklungsförderung des Kindes zentrierte Konsumwelt einen andauernden Entscheidungsprozeß zur Strukturierung. Die „wertvollen" zusätzlichen Förderangebote (Ballett, Flötenunterricht, Tonkurs, Sportverein, Meditations- und Entspannungstraining und vieles mehr) sind im einzelnen eventuell wichtig für das Kind, sie können aber „geballt verabreicht" zu einer weiteren Spannung und Verunsicherung des Kindes beitragen. Auch hier kann die Erzieherin im Kontakt mit den Eltern regulierend helfen.

Gerade Kinder mit auffälligem Verhalten brauchen auch die Möglichkeit, im intensiven Bezug zu einzelnen und zu sich selbst, in Ruhe und Gleichmäßigkeit ihr Erleben auszudrücken. Jeder Wechsel schafft aber Unruhe, bewirkt bei diesen Kindern oft Verängstigung gegenüber dem Neuen und Unbekannten. Dies muß hier unbedingt vermieden werden.

Hier liegt die große Chance der kompensatorischen Kindergartenerziehung für Kinder, die auffälliges Verhalten zeigen.

> Die Bezugsgruppe Kindergarten ermöglicht über lange Zeit, intensive Beziehungen zu gleichbleibenden Räumen und Personen aufbauen zu können. In der bekannten, sicheren Situation, die Halt und Struktur bietet, kann ein beruhigendes Nest gefunden werden.

Ein Nest, das einem bleibt, in dem Ordnung und Regelungen erfahren werden, die in der permanenten, sich hektisch verändernden Umwelt für diese verunsicherten Kinder so wichtig sind, weil das vielgestaltige Lebensfeld das Strukturierungsvermögen der Kinder überfordert.

Ich habe mir für die Erkundung des Lebensumfeldes und seiner Bedeutung für das Kind ein Brett mit größer werdenden Kreisen gebaut. Ich fordere das Kind auf, kleine Holzfigürchen auf das Brett zu setzen. Es soll eines davon für sich selbst in die Mitte setzen. Wer und was für das Kind besonders wichtig ist, wen es besonders gern hat, was es unbedingt machen will, setzt es weiter nach innen, das Unwichtigere weiter nach außen.

Wie das Kind die Figuren setzt, gibt mir Auskunft über die Bedeutung seiner emotionalen Beziehungen, die Bezugsgruppen, die Einzelpersonen oder Gruppen, die für das Kind wichtig sind. Beim Aufbauen kann ich mit dem Kind über seine Beziehungen, seine verschiedenen Lebensbereiche und deren Beziehungen zueinander sprechen.

Die ganzheitlich-systemische Sichtweise

Wir neigen dazu, im Umgang mit Kindern, die auffälliges Verhalten zeigen, dieses Verhalten nur als Teil der Gesamtpersönlichkeit des Kindes zu betrachten. Sowohl in der Einzelberatung wie auch in der Supervision ist es nach meiner Meinung immer wieder wichtig, darauf hinzuweisen, daß man zwischen Verhalten und Person des Kindes unterscheiden muß.

Das „störende" bzw. „gestörte" Verhalten bedeutet nicht, daß die Person des Kindes „gestört" ist.

Gehen wir vom Hinweischarakter des auffälligen Verhaltens aus, so ist nicht das Verhalten selbst für uns Mittelpunkt der Erforschung bzw. Veränderung, sondern die Frage: Wozu braucht das Kind in seiner konkreten Lebenswelt bzw. in seiner selbst konstruierten Kopfwelt dieses Verhalten? Wem will es auffallen, auf wen oder was in seiner Lebenssituation deutet dieses Verhalten hin?
Die Erzieherin kann in der Alltagssituation des Kindergartens einiges aus unserer familientherapeutischen Arbeit übernehmen:
Wir betrachten Familie als ein System, das aus Einzelmitgliedern besteht, das aber in permanenter wechselseitiger Beziehung eine Ganzheit bildet. Verändert sich etwas in diesem System, müssen sich

alle Mitglieder verändern. Zur Veranschaulichung derartiger Systemstörungen dient eine beispielhafte Darstellung aus einer anderen Entwicklungsphase, die jedoch leicht auf das Kindergartenalter zu transformieren ist:
Drängt z. B. die pubertierende Tochter nach außen, geht mehr zu ihrer Clique, als zu Hause zu sitzen, kommt abends zu spät nach Hause, protestiert gegen die Forderungen bzw. Anordnungen von Autoritäten, so verändert sich nicht nur die Einstellung, die Haltung und das Verhalten der Eltern (auch gegen- bzw. miteinander), es sind auch ihre Geschwister mit einbezogen, die möglicherweise jetzt ganz besonders „brav" sein müssen. Aber nicht nur die einzelnen Familienmitglieder ändern sich in Einstellung und Verhalten. Die gesamte Atmosphäre in der Familie ändert sich. Die Tochter hat durch ihr Verhalten, das möglicherweise auffällig ist, die Familie zur fachlichen Beratung gebracht und damit zur Chance der Veränderung. Jeder, der pubertierende Jugendliche erzieht, „weiß davon ein Lied zu singen" – denken Sie auch an diese Phase in Ihrer eigenen Herkunftsfamilie.

Auf den Alltag im Kindergarten bezogen, kann dies heißen: Anton zeigt unruhiges, „hyperaktives" Verhalten in seiner Gruppe, weil seine Schwester flügge wird. Was heißt dies in bezug auf die ganze Gruppe? Bevor wir Hypothesen aufstellen, brauchen wir wieder Distanz zum Geschehen. Der Grund für das Verhalten des Kindes könnte darin liegen, daß es sich sozial nicht angenommen fühlt und seine Rolle in der Gruppe finden will. Der Junge will vielleicht mehr soziales Miteinander mit den anderen Buben, die sich schon ohne ihn zu „Banden" zusammengeschlossen haben und ihn ausschließen. Anton fühlt viel Spannung in der Gruppe und kann sie nicht ruhig ertragen, sondern wird unruhig. Er will die Erzieherin zu mehr Aktivität provozieren und dazu, mehr Grenzen zu setzen. Anton erlebt in seinem Elternhaus viel Strenge und ist verunsichert über den lockeren Erziehungsstil, bei dem er seine Grenzen nicht erkennen kann. Anton „spürt" vielleicht auch, daß seine Erzieherin unter Druck (z. B. in ihrem Team) steht. Die Liste der möglichen Bedingungen ließe sich noch erweitern. Wichtig ist, daß diese Erklärungshypothesen nicht vom „gestörten" Anton ausgehen, sondern von einem Kind, das mit sich und seiner Lebenssituation bzw. Weltsicht nicht zurechtkommt und sein Verhalten als Botschaft aussendet, das uns zum Nachdenken über seine Situation, über die Bedingungen seines „auffälligen" Verhaltens anregt. Jedes System (ob Familie, Kindergartengruppe oder Nachbarschaftsclique) hat einerseits die Tendenz so zu bleiben, wie es ist, und andererseits die Tendenz sich wie jedes lebendige System zu entwickeln und zu verändern. Eine Besserung im Systemverhalten von Anton (er wird in die Gruppe besser integriert und damit ruhiger) kann – wenn wir die von ihm ausgesandte Botschaft nicht beachten – zur Verschiebung der Sündenbocksituation auf ein anderes Kind der Gruppe führen. Antons Verhaltensänderung kann aber auch eine Entlastung für die ganze

Gruppe bedeuten, sein integriertes Verhalten bedingt – aus dem systemischen Blickwinkel betrachtet – für die anderen die Möglichkeit zur Veränderung: Wir brauchen keinen Sündenbock, wir können alle miteinander toll spielen.

Die ganzheitlich-systemische Sichtweise bringt die Erzieherin im Kindergarten (auch hier wieder) an die Grenze ihrer Arbeitsbelastung. Es ist aber eine Betrachtungsweise, die uns sehr viele Möglichkeiten bietet, aus Verunsicherung und Hilflosigkeit herauszufinden, da sie uns hilft, nicht nur das „unmögliche", provozierende Kind zu sehen, sondern uns selbst in unserer „gestörten" Beziehung zu ihm.

> Die Erkundung des gesamten Lebenszusammenhangs des Kindes ist – soweit dies einem Außenstehenden überhaupt möglich wird – eine hochinteressante Sache. Es macht uns neugierig, regt uns an.

Und diese Motivation aus der Neugier der Erzieherin ist wesentlich für die intensive Beziehung, gerade zum Kind, das auffälliges Verhalten zeigt.

Beobachten – Erkennen – Verstehen

Beobachtung ist für die Erzieherin Grundlage zum Verständnis und zum richtigen Umgang mit dem Kind.

Der große Vorteil des Kindergartenalltags besteht darin, daß die Erzieherin die Kinder über viele Stunden des Tages und über Jahre hinweg beobachten kann (Fachausdruck: Diagnose als Prozeß). Der Nachteil besteht darin, daß sie sehr viele Kinder einzeln und in der Gruppe bei vielen verschiedenen Tätigkeiten (im Freispiel, im Stuhlkreis, bei Konflikten usw.) beobachten muß. Dies macht eine gezielte Beobachtung sehr schwierig. Deshalb ist es notwendig, sich als kompetente Erzieherin auf Ziele bzw. bestimmte Fragestellungen festzulegen, um sich neben der erforderlichen, andauernden Beobachtung der Kindergruppe auf die auffälligen Verhaltensweisen bei bestimmten Kindern zu beschränken: Wer soll beobachtet werden, welche spezifischen Verhaltensweisen, wie beobachte ich und wann, bei welcher Gelegenheit, in welchen Situationen.

Claudia wird morgens von der Mutter gebracht. Die Mutter hat es eilig, sie muß – wie sie sagt – zur Arbeit. Claudia hängt mit gesenktem Blick ihre Jacke und Tasche an den Haken. Die Begrüßung der Erzieherin erwidert sie nur mit einem leisen „Tag". Sie geht in den Gruppenraum und setzt sich auf einen Stuhl. Andere Kinder spielen in der Puppenecke, sie schaut nur zu. Auf die Ermunterung der Erzieherin, mitzuspielen, schüttelt sie leicht den Kopf und bleibt sitzen ...

Beim Lesen dieser kurzen Beobachtungssequenz gehen Ihnen sicherlich auch sofort sehr viele Ideen, Erklärungen, Erfahrungen durch den Kopf, und wir versuchen gleich „auszudeuten", was mit Claudia sein könnte.

Die professionelle Distanz der Erzieherin ermöglicht es hier, diese Interpretationen der Beobachtung erst einmal hintenanzustellen und abzuwarten.

Sie vermeidet es, die Kinder – als „pädagogisch aufgeschlossene und ausgebildete Fachkraft" – zu drängen, ihr Verhalten gar vorschnell als kontaktarm bis gehemmt usw. einzustufen. Weitere Beobachtungen könnten ja ergeben, daß dieses Muster sich jeden Tag so abspielt. Claudia braucht vielleicht Zeit und nimmt sich die Zeit, um die Situation in der Gruppe erst einmal zu „erschnüffeln" und dann völlig normal ruhig und aktiv mitzuspielen.

Wir brauchen Zeit zur Beobachtung. Wir müssen uns häufig zwingen, uns auf das kindliche Tempo einzustellen, um dessen individuellen Rhythmus zu erkennen.

Bei jeder Beobachtung müssen wir deshalb unbedingt unsere Eigenbeteiligung in der Beziehung zum Kind einbeziehen. Jede Beobachtung ist höchst subjektiv. Wir sind sehr schnell geneigt, unsere eigenen Erfahrungen, die Schemata und Kategorien in unserer Kopfwelt (unserer kognitiven Landkarte) auf das Verhalten anderer zu übertragen, das Erleben aus unserem Blickwinkel, gemäß unserer eigenen Sozialisationserfahrung zu interpretieren und zu „verstehen"!

Um dies zu verhindern, ist es gut, Beobachtungen mehrfach zu sammeln, wenn möglich, auch eine zweite Person zum Beobachten einzusetzen, um dann verschiedene Wahrnehmungen vergleichen zu können.

Erst nach der Sammlung verschiedener Beobachtungssequenzen sollten wir in der Reflexion unseren Phantasien freien Lauf gönnen und Hypothesen zu möglichen Bedingungen bzw. zu zugrundeliegenden Erlebnisweisen aufstellen. Diese Erklärungsansätze führen dann zu weiteren Fragestellungen, die wiederum im Prozeß zu weiteren gezielten Beobachtungen führen. Es gibt eine Vielzahl von Beobachtungstechniken (vergleichen Sie dazu die entsprechende Fachliteratur). *Für die Erzieherin ist wesentlich, daß es dabei um Informationssammlung und nicht um Kategorisierungen bzw. vorschnelle Definitionen bzw. Diagnosen geht.* Diese detaillierten Beobachtungen müssen festgehalten werden, damit wir bei gemeinsamen Besprechungen konkrete Aufzeichnungen haben. Diese sollten ergänzt werden durch Informationen zum sonstigen Lebensumfeld des Kindes (Familie, Nachbarschaft, Vereine usw.).

Als Aufzeichnungen können auch anekdotische Protokollierungen, Beschreibungen von Situationen im Umgang mit diesem Kind, die unbedingt auch unsere eigene Reaktion, unser Erleben als Erziehende in dieser Situation beinhalten sollten, dienen.

Diese laufenden, mehrfachen Aufzeichnungen ermöglichen es der Erzieherin, den Prozeß zu erkennen. Sie schützen uns davor, einmalig gezeigtes Verhalten gleich verstehen zu wollen.

Der Mehraufwand, die unangenehme Aufgabe schreiben zu müssen, trägt Früchte, wenn wir aus dem Verlauf von Veränderungen im kindlichen Verhalten auf Ideen kommen können, die uns das Verstehen dieses Verhaltens ermöglichen und uns dann den Umgang mit diesem Kind erleichtern.

Im Prozeß von Beobachten – Erkennen – Verstehen ist wichtig, als Erziehende nicht allein gelassen zu werden. Wir sollten das Miteinander suchen, denn wir sind im Beobachtungs-, aber auch im Verstehensprozeß immer von unseren subjektiven Wahrnehmungen, von unseren geprägten Erklärungsmustern beeinflußt!

Deshalb sind in vielen Kindergärten regelmäßige Fallbesprechungen Tradition. Die Teambesprechung wird so aufgeteilt, daß neben allgemeinen Dienstgesprächen wie Planung, Elternarbeit usw. noch genügend Zeit bleibt, um über einzelne Kinder bzw. bestimmte Gruppensituationen gezielt zu reflektieren. Dabei kommt es nicht darauf an, daß jedes Teammitglied das Kind, welches das auffällige Verhalten zeigt, selbst beobachtet hat und kennt. Für die betroffene Erzieherin ist es gut, von ihren Kolleginnen Rückmeldungen zu ihren Beobachtungen, zu ihrer Einschätzung, zu ihrer Beziehung zum Kind zu erhalten. Dies hilft ihr, neue Sichtweisen und Verständnismöglichkeiten sowie alternative Umgangsweisen zu entwickeln, da sie eventuell auch auf ihre eigenen „blinden Flecke" in der Beziehung und Beobachtung hingewiesen werden kann.

Sehr hilfreich ist oft, wenn zu diesen Fallbesprechungen im Team eine außenstehende kompetente Fachkraft zugezogen werden kann. Diese Form der Fall-Supervision erleichtert auch das Ansprechen „heikler Punkte". Denn es ist – gerade in psychosozialen Berufen – häufig schwer, der Kollegin wohlmeinend auch Dinge mitzuteilen, die für sie verletzlich sein könnten und in der Gegenreaktion wieder (diesmal im Team) eine aggressive Spirale auslösen können. Und doch ist es dringend notwendig – gerade auch in der höchst belastenden Beziehung zum Kind mit auffälligem Verhalten – Schwierigkeiten und Defizite im persönlichen emotionalen Bezug zum Kind anzusprechen. Denn diese gestörten Beziehungen sind nicht nur im Umgang zwischen Erzieherin und Kind festzustellen, sondern können als Störungen zwischen den Kolleginnen, zwischen Team und Träger, zwischen Kindergarten und Eltern genauso verheerende Auswirkungen auf kindliches Verhalten haben.

Kompetente Fachkräfte wie Erzieherinnen im Kindergarten dürfen sich nicht scheuen (sollten auch keine Mühe scheuen), in bestimmten Fällen bzw. Situationen auch fachliche Dienste zuzuziehen.

Wir „Helfer" sind ja oft geneigt zu meinen, wir müßten alles wissen bzw. können. Im gesellschaftlichen Prozeß der Spezialisierung ist die Erzieherin die verantwortliche Fachkraft. Sie kennt neben den Eltern das Kind sicher am besten. Damit ist sie verpflichtet, die Eltern (evtl. mit Nachdruck) auf Auffälligkeiten hinzuweisen, beobachtete Auffälligkeiten im Verhalten der Kinder abzuklären und behandeln zu lassen.

Im Kindergarten selbst ist es aber auch jederzeit möglich – unter Berücksichtigung des Datenschutzes, also anonym –, sich durch Mitarbeiter/Innen von Erziehungsberatungsstellen, Frühförderstellen, Ärzten, Medienberatern, bei Schulanfängern auch Schulpsychologischen Beratungsstellen usw. unterstützend einzeln oder im Team beraten zu lassen. Auch hier ist es dann wiederum möglich, durch Außenstehende neue Informationen, andere Sichtweisen zum Verstehen des auffälligen Verhaltens zu erhalten bzw. über Veränderungsmöglichkeiten kindlichen Verhaltens nachzudenken und entsprechende Maßnahmen zu ergreifen.

2. Auffälliges Verhalten als Botschaft

Kinder als Seismographen

Ein Seismograph ist ein hochempfindliches Instrument, das auch nicht unmittelbar wahrnehmbare Erschütterungen (Erdbeben) aufnimmt und anzeigt. Auffälliges Verhalten von Kindern ist ein Anzeichen dafür, daß in der Seele des Kindes etwas „erschüttert" ist. Seine Verhaltensäußerung zeigt uns (leider) nicht eindeutig an, was in Unordnung geraten ist, sondern wir müssen nach der Beobachtung des Verhaltens auf das Erleben des Kindes rückschließen, um dann im weiteren Schritt die auslösenden Faktoren aus Vergangenheit, gegenwärtiger Lebenssituation und auch Zukunft herauszufinden. Wir alle im Erziehungsprozeß Beschäftigten stehen in der permanenten Gefahr vorschnelle Urteile zu fällen, die einzelnen „störenden" Kinder zu kategorisieren, zu etikettieren, zu stigmatisieren. Wie schnell greifen wir inzwischen zu Kategorien wie: „das Kind ist verhaltensgestört", „ist ein kleiner Tyrann", ist „sozial auffällig", „hat soziokulturelle, familiäre Defizite" usw. Diese vorschnellen Diagnosen entstehen oft aus Zeitdruck, häufig aus eigener Hilflosigkeit, aber auch aus unserer pädagogisch-psychologischen Aus- und Weiterbildung, in der wir oft standardisierte Normen bzw. verkürzte Erklärungen von Auffälligkeiten vermittelt bekommen. Wir wissen jedoch aus der Alltagsarbeit als Erziehende, daß jedes Kind der Situation entsprechend anders reagiert. Je nach Situation bewerten wir dann auch oft das individuelle Verhalten anders. Jede Eigenschaft, jedes Verhalten und Erleben ist eine weite Dimension mit den Eckpolen positiver oder negativer Bewertung. Wir wünschen uns vom Kind z. B., daß es selbständig und selbstbewußt ist. Dann zeigt es seine Selbständigkeit, seinen Eigenwillen, seinen Protest und je nach Alter des Kindes, Situation und Beziehung gefällt uns dies gut, entspricht unseren Erwartungen oder es wird als „Verhaltensstörung" sehr negativ beurteilt.

> Ich habe den Eindruck, daß Kinder oft diejenigen sind, die sehr viel empfindlicher als wir Erwachsene auf die Umwelt reagieren. Sie haben lang ausgezogene Antennen und können auf sehr viel mehr verschiedenen Kanälen bzw. Wellen empfangen und senden.

Wir Erwachsene sind durch eigene Erziehung, durch lange Schulausbildung, durch die eigene Sozialisation auf Sprache, auf logisches und abstraktes Denken „getrimmt". Gefühlsbetonte Äußerungen werden oft abgewertet und als „kindisch" oder lächerlich bezeichnet (z. B. vor Freude hüpfen, bei Traurigkeit weinen, bei Überforderung schreien). In der Beschäftigung mit Kindern kann die Erzieherin die interessante Vielfalt der möglichen Verhaltensweisen, der Unterhaltungsebenen mit dem anderen erkennen und wieder lernen.

Kinder erkennen, ohne daß wir es sagen, ob wir traurig sind, ob wir uns freuen. Sie erfassen „seismographisch" unser Erleben. In der Familientherapie ist dies für mich oft schön zu erkennen und hilfreich: Beide Eltern sprechen über ihre Partnerprobleme, dies oft in einer Sprache, die das Kind nicht verstehen soll. (Früher benutzten Eltern in gebildeten Kreisen dafür eine Fremdsprache.) Die Erwachsenen wundern sich dann, wenn das vierjährige Kind plötzlich zur Mutter geht, sich ihr auf den Schoß setzt und mit ihr schmust. Die zuvor verzweifelt erstarrte Mutter kann dann weinen, denn das Kind hat ihr am besten gezeigt, daß es sie versteht (nicht der Ehemann und nicht der Therapeut!). Das Kind hat die Mutter dazu gebracht zu weinen, den Schmerz auszudrücken, anderen ihr Erleben zu verdeutlichen. In diesem Fall bekommt das Kind für sein Verhalten eine positive Bewertung. Wie oft wird es aber auch für sein – für uns unerklärliches – Verhalten zurechtgewiesen, ermahnt und bestraft.

Die kleine Gabi hängt der Mutter ständig am Rockzipfel, quengelt, will nicht rausgehen, weigert sich, in den Kindergarten zu gehen. Erst wenn wir mehr vom Erleben Gabis in ihrer Familie erfahren und Zeit und Ruhe haben, darüber nachzudenken, können wir vielleicht erkennen, daß sie als einzige im Umfeld der Mutter erfaßt, wie verzweifelt diese in ihren massiven Ängsten, allein gelassen zu werden, ist. Gabi bringt dies nicht in Worten zum Ausdruck (dann könnten wir es ja leicht verstehen), sondern sie will ihrer Mutter – in der tiefen, emotionalen Beziehung zu ihr – helfen und bei ihr bleiben. Paradoxerweise hilft sie ihr dadurch, daß sich die Mutter provoziert fühlt, sie wegschickt und damit mit ihrem Alleinsein besser zurecht kommt, weil es ja nun selbst gewählt ist.

Kinder sind Seismographen und wie diese hochempfindlich gegenüber Störungen.

Störungen, die in unserer Zivilisation durch zu wenig Ruhe, Geduld, Toleranz, sich Zeit nehmen entstehen, sind eine Ursache für unsere ständigen Klagen: „Die Kinder werden immer gestörter." Die Störungen, „die Erdbeben" in Familien und anderen Gruppierungen bedingen beim Kind in seiner seismographischen Empfindlichkeit immer mehr auffälliges Verhalten. Die Erzieherin als Seismograph kindlichen Erlebens reagiert in der wechselseitigen Beziehung auf dessen „Sprachenvielfalt" (Kommunikationsmodi) und kann durch die jeweils individuell bedingten Erschütterungen verstehen und auf sie eingehen.

Was ist „normales Verhalten"?

Auffälliges Verhalten ist abhängig von der Definition des „Normalverhaltens", dem es nicht entspricht.
Es fällt uns oft leichter, negatives, störendes, nicht unseren Erwartungen entsprechendes Verhalten von Kindern zu beschreiben. Jedoch sollten auch bei der Darstellung und Analyse auffälligen Verhaltens besser die normalen, uns nicht störenden Erlebnis- und Verhaltensweisen des Kindes als Grundlage dienen.
Oft rege ich in Fallbesprechungen mit Erzieherinnen oder in Beratungsgesprächen mit Eltern an, zuerst zu schildern, wann, wo und wie es mit diesem Kind schön ist zusammenzusein: „Gibt es Situationen, wo sich das Kind an Sie kuschelt, wo es auf Ihrem Schoß sitzt und Sie sich dabei wohl fühlen usw?"
Das dann geschilderte Erleben und Verhalten mit dem Kind wird als das normale, den Erwartungen entsprechende Verhalten definiert („wäre Claudius nur immer so ...").
Wir können bei der Beschreibung der Normalität von drei Zugangsweisen ausgehen: Einmal ist dies die sogenannte statistische Normalität. Dieses Verhalten wird von den meisten Menschen gezeigt. Wenn alle es so machen, dann ist es normal! (Als Anregung zum Weiterdenken: Ist Töten im Krieg – weil es alle machen – ein normales Verhalten?)
Zum zweiten unterscheidet man die subjektive Normalität. Jeder mißt sein Verhalten an seinen eigenen Normwerten, d.h., der Betroffene bewertet sich

selbst, er definiert sich selbst bzw. sein Verhalten als auffällig. Die Tiefenpsychologie geht davon aus, daß ein „Abweichender" (bzw. neurotisch gestörter) unter subjektivem Leidensdruck steht.

Bei Kindern ist dieser Druck oft zu erkennen, wenn sie nach einem Wutausbruch, nach Provokationen ein unglückliches Erleben äußern, weinen, sich still zurückziehen oder mit dem Erwachsenen sozusagen als Wiedergutmachung Körperkontakt suchen.

Der dritte Zugang geht von einer Idealnorm aus, die von einer Gruppe (der Familie, der Kindergartengruppe, der Gesellschaft) festgelegt wird. Der Mensch als soziales Wesen muß sich diesen Idealnormen entsprechend zu verhalten wissen, sonst ist er der „abweichende". Im Laufe unserer Sozialisation müssen diese Normen erlernt werden. Unser Verhalten muß den Erwartungen unserer Umgebungsgruppe angepaßt werden. Erziehung ist aus dieser Sichtweise heraus das Erlernen von Anpassungen.

Für mich ist in der Zusammenarbeit mit Kindern wichtig, die Zusammenschau (Ganzheit) der bedingenden Einflußgrößen und ihre wechselseitige Bezogenheit zu sehen.

Kein Kind ist von sich aus „böse", „schlimm", „gestört", sondern nur in seinem Bezug zu anderen. Die anderen – die erwachsenen Partner – sind in der Stellung des Definierenden (Definitionsansatz, labeling approach), die bewerten, an welchem Punkt auf der Dimension zwischen normal und auffällig das aktuell störende Verhalten des Kindes anzusiedeln ist.

Die Interaktion zwischen Kind und Partner findet immer in einer bestimmten Situation wie beispielsweise im Kindergarten statt. Dabei muß man berücksichtigen, wieviele Kinder da sind, ob Zeit für das einzelne Kind vorhanden ist, ob Freispiel stattfinden kann, wieviel Raum zur Bewegung es gibt usw.

Wichtig ist, daß alle drei Größen immer in Wechselbeziehung zueinander stehen: Das Verhalten des Kindes bedingt das Verhalten der Erzieherin in dieser Situation.

Zur Verdeutlichung dieser Modellvorstellung ein Beispiel aus einer Fallbesprechung in einem Kindergarten: Susanne fiel auf, weil sie immer sehr laut sprach. Sie schrie die anderen fast an. Dies führte u. a. dazu, daß die Kinder sie als „Angeberin" ablehnten. Auch die Erzieherin reagierte immer öfter mit Ablehnung und mit Abwehr, denn sie fühlte sich durch die laute Stimme Susannes provoziert. Diese Interaktion geschah in einem recht kleinen Raum mit sehr vielen Kindern. Von der Institution, der Leiterin und den Eltern bekam die Erzieherin Druck. Sie sollte Susanne zu mehr Ruhe und Ausgeglichenheit bringen. In der Fallbesprechung berichtet die Erzieherin nun, daß sich das auffällige Verhalten wie lautes Sprechen, Schreien, Provokation usw. seit ca. vier Wochen sehr verbessert habe. Bei Susanne wurden Polypen diagnostiziert. Diese wurden entfernt. Offensichtlich machten diese ihr „Eigenhören" wieder sehr viel empfindlicher. Die Situation in der Gruppe, die Abwehr durch die Erzieherin, Susannes eigener Druck durch ihr ständiges lautes Verhalten sind nun entspannt. Das Beispiel zeigt, wie wichtig bei auffälligem Verhalten von Kindern die gründliche organmedizinische Abklärung, z. B. der Sinneswahrnehmung aber auch die diagnostische Untersuchung der sensorischen Integration und ihrer Beeinträchtigungen ist.

Von der „Not-Wendigkeit", auffallendes Verhalten zu zeigen

Wir gehen davon aus, daß auffälliges Verhalten (soweit nicht organisch bedingt) ein Notsignal des Kindes ist. Es ist beim Kind jedoch kein eindeutiges Zeichen (z. B. für Verzweiflung, Gefahr, Angst etc.), das alle verstehen. Vielmehr werden diese Notsignale vom Kind oft so gesendet, daß sie häufig nicht der Absicht des Senders entsprechend aufgenommen werden können. Entweder sind sie der Erzieherin als solche nicht erkennbar, oder – und das ist viel schwieriger – sie stoßen uns Empfänger oft ab, machen uns wütend, wecken unsere aggressiven Gegenreaktion und machen uns oft auch hilflos.
Da hat z. B. ein Kind Angst davor, in den Garten des Kindergartens zu gehen. Als es das letzte Mal draußen gespielt hat, bekam es Schläge von einem anderen Kind. Es kann seine Angst nicht in Worte fassen, sondern es „stellt sich stur", weigert sich seine Schuhe anzuziehen, wirft sich auf den Boden

und brüllt, beißt ein anderes Kind oder versucht, auf die Erzieherin einzuschlagen. Wie schwer ist es für uns Erziehende, in diesen Streßsituationen, im Teufelskreis der Gegenreaktion nicht ganz schnell spontan zu reagieren, unsere Schablonen anzuwenden (der macht Theater) und danach zu handeln. Nur unser Verharren, unsere genaue und differenzierte Analyse des Verhaltens und Erlebens kann uns helfen, diese sozusagen „umgekehrten Hilferufe" in ihrer richtigen Bedeutung zu entziffern.

Je mehr ein Kind meine Zuwendung sucht, je mehr es sie in seiner bisherigen Entwicklung entbehrte, desto mehr fordert es diese Zuwendung ein.

Viele Kinder schaffen es, dieses Zuwendungsbedürfnis positiv und eindeutig „rüberzubringen", bei manchen ist dieser Kanal der Beziehungssuche verstopft, und sie bringen nur noch die Forderung danach „rüber", die bei mir dann als Sturheit, Provokation und „gestörtes Verhalten" ankommt.

In diesem Muster lassen sich eine Vielzahl von psychischen Symptomen bei Kindern erklären: aggressives oder ängstliches Verhalten, hyperaktives-provozierendes oder gehemmtes Rückzugsverhalten bei Kindern sind Ausdruck ihrer Sackgassensituation. Die Botschaft kann sich nicht mehr in direkter Interaktion, durch offenes, liebevolles Zugehen auf den anderen äußern, sondern die zahllosen Enttäuschungen, die Erfahrung, daß die Partner doch nicht darauf reagieren, haben im Laufe der Entwicklung beim Kind bestimmte Muster geprägt, nach denen sie sich Nähe holen und sei es auch nur durch negative Zuwendung, wie schimpfen, drohen, strafen ... Das ist immer noch besser als gar keine Beachtung.

In meiner Zeit als Lehrer war ich auch Berater im Schulkindergarten (Vorschulklassen). Eines Tages kam ich zur Verhaltensbeobachtung in einer Gruppe morgens in eine Einrichtung. Kaum hatte ich die Tür geöffnet, kam ein Mädchen auf mich zugerannt. Entgegen meiner Erwartung einer freundlichen Begrüßung spuckte sie mir eine „volle Ladung" ins Gesicht. Als kompetenter Fachmann mußte ich mein „Kribbeln" in der Hand sehr kontrollieren, um auf dieses kindliche Verhalten nicht unpädagogisch gegenaggressiv zu reagieren. Nachdem ich meine Brille geputzt hatte, setzte ich mich an einen Gruppentisch, wo auch dieses Mädchen spielte. Nach einiger Zeit forderte sie mich auf, mit ihr ans Puppenhaus zu gehen, und wir spielten Familie zusammen. Ich versuchte ihr zu erklären, daß mich ihr Spucken ärgerlich gemacht habe und sie dies nicht tun solle, wo sie doch jetzt so schön mit mir spielen könne. Sie schaute mich nur traurig an. In der anschließenden Besprechung mit der Erzieherin dieser Gruppe stellte sich heraus, daß dieses Kind zur Zeit sehr schwierig sei. Eine Erklärung für ihr aggressives Verhalten mir gegenüber könnte darin liegen, daß ihr Vater, den sie sehr liebte, vor einigen Tagen ausgezogen ist und nichts mehr von sich hören läßt. Die Erzieherin sagte mir, daß dieser mir in Gesicht und Körperhaltung sehr ähneln würde.

Oft werden solcherlei Notsignale an „Ersatzpersonen" gerichtet.

Die Erzieherin erlebt die Enttäuschungsreaktion des Kindes. Sie kann sie erst verstehen, wenn sie weitere Informationen aus dem Umfeld des Kindes, aus seiner Familie erhalten hat. Meist kennen wir dieses Umfeld als professionell Erziehende kaum.

Im oben beschriebenen Verhalten des spuckenden Mädchens müssen wir eine Möglichkeit sehen, auf seine psychische Belastung hinzuweisen: Es versinkt nicht in Resignation und in Rückzug, sondern es reagiert aktiv, kann „Notsignale" aussenden, die uns auch schon frühzeitig eine Verstörung zu erkennen geben. Um diese frühzeitige Erkennung geht es uns bei der Erziehung von Kindern. Was sagt uns dieses auffällige Verhalten (Symptomsprache), wozu braucht das Kind dieses Verhalten?

Das „Notsignal" führt am ehesten zu einer Hilfeleistung, wenn es möglichst früh wahrgenommen und verstanden werden kann. Auffälliges Verhalten ist hier Botschaft und notwendiges Signal: Ich brauche Hilfe, ich brauche noch stärker Unterstützung, liebevolle Zuneigung!

Ein Großteil der psychischen und psychosozialen Verhaltensauffälligkeiten des Kindes haben diesen Appelcharakter: Ängste, Unruhe, Gehemmtheit, aggressives Verhalten, Clownerie, auch Bettnässen, Sprachstörungen, Eß- und Schlafprobleme. Und wie schwer fällt uns – gerade bei sozialen Auffälligkeiten – diese Veränderung unserer Sichtweise, unserer

Einstellung und Haltung dem Kind und seinem auffälligen Verhalten gegenüber. Der Prozeß dieser Veränderung wird „Refraiming" genannt, d.h., wir wechseln den Rahmen; das Bild selbst (die Auffälligkeit) bleibt das gleiche. Wir können jedoch anders damit umgehen, denn unsere eigene emotionale Einstellung hat sich dem gleichen Verhalten gegenüber verändert.

In einer Fallbesprechungsgruppe erzählt eine Erzieherin von ihrer Abneigung, ihrer Hilflosigkeit bzw. Resignation gegenüber der kleinen Anna. Sie hat den Eindruck, daß Anna sie ständig provozieren will, sie ablehnt und jede Annäherung zurückweist. Nachdem wir länger über das „fast Ekelgefühl", das die Erzieherin Anna gegenüber empfindet, gesprochen haben und dies auch im Rollenwechsel durchgespielt haben, fängt diese an sich zu fragen, ob sie nicht „an dieses Kind auch rankommen" könne. Der Rahmen, die Einstellung der aufgeschlossenen und engagierten Erzieherin wird anders. Ihr Interesse an einer positiven Beziehung ist geweckt. Und wie wundern wir uns bei der nächsten Gesprächsrunde, als sie erzählt, daß Anna sogar zu ihr auf den Schoß käme und sie dies nun auch aus der positiven Sichtweise heraus genießen könne.

Keine Schuldzuschreibungen

In allen Situationen der Hilflosigkeit, der Verunsicherung suchen wir nach Sündenböcken. Wir beschuldigen meist Personen oder Personengruppen, diese Problemsituation hervorgerufen zu haben. Dieser sozialpsychologische Mechanismus läßt sich auch beim Erkennen und beim Umgang mit auffälligem Verhalten bei Kindern auf verschiedenen Ebenen nachvollziehen. In der Rolle als Eltern halten wir Kindergarten, Hort, Schule, Nachbarschaftsgruppen usw. für die Verursacher der plötzlich auftretenden obszönen Sprache des Kindes, sein aggressives oder sein wenig motiviertes Verhalten und vieles mehr. Wir meinen, daß „die Erzieherin halt zu jung ist, zu streng oder zu wenig streng". Als Profierziehende sind wir bei kindlichen Verhaltensstörungen sehr schnell geneigt, die Familie als verursachenden Faktor zu benennen: „Das Kind kommt aus einer chaotischen Familie. Da geht alles drunter und drüber; die Eltern verwöhnen ihr Kind, haben zu wenig Zeit; die Mutter ist als Alleinerziehende überfordert ..."

Eine andere Ebene, die für die Erklärung auffälligen Verhaltens bei Kindern wichtig, bzw. gefährlich-verlockend ist, bezieht sich nicht auf die Schuldzuschreibung durch andere, sondern durch sich selbst.

Sehr oft erlebe ich in den Beratungsgesprächen, daß Eltern – besonders die Mütter – als Eingangsfeststellung sagen: „Ich habe alles falsch gemacht, ich bin schuld daran, daß Peter so aggressiv-trotzig ist, ich habe ihm zu wenig Grenzen aufgezeigt, war nicht konsequent genug." Solche selbstkritischen Äußerungen sind gut als Ausgangspunkt für Veränderungsprozesse (aus dem eigenen Leidensdruck der Erziehenden), sie sind jedoch im Umgang mit dem Kind oft von verheerender Wirkung. Sie können als andauernde Selbstbezichtigung zu Selbstzweifel, zu resignativ-depressiver Haltung, zu emotionaler Enttäuschung und zum Rückzug vom Kind führen.

Diese Selbstzweifel können dann aber wieder in der Reaktion (als Abwehr durch Projektion) zu der Suche nach dem Sündenbock führen. Dieser ist dann oft das Kind selbst. Dessen Persönlichkeit ist „gestört", „böse", lebt mir nur „zu Leide". Und das Kind selbst nimmt diese Zuschreibung für sich auf.

Der 6jährige Tobias ist wegen aggressiv-hyperaktiver sozialer Auffälligkeit schon einige Stunden bei mir in Therapie. Aus der Verkleidungskiste holt er Utensilien und verkleidet sich als Teufel. Er sagt dazu: „Weißt du, ich bin halt ein Teufel." Ich frage ihn, wie er darauf komme. Er meint: „Wenn die Mama arbeitet, bin ich bei der Oma, und die sagt, wenn ich böse bin, ich sei halt ein Teufele – und ich bin ja auch eines." Die Fremddefinition (durch die Oma) wird zur Eigendefinition. Tobias schreibt sich selbst die Schuld zu: „Ich bin halt ein böser Teufel."

Gesellschaftliche Zustände werden als Realität ausgeklammert. (Bei unserem Beispiel das Fehlen einer Ganztagsunterbringung in einer Tagesstätte.) Gesellschaftliche Zwänge oder Einflüsse (z.B. Massenmedien, besonders das Fernsehen) eignen sich oft als Entlastungsfaktoren. Unsere eigene Beteiligung an der Problemsituation braucht uns dann nicht zu verunsichern.

Erzieherin und Eltern sitzen im „gleichen Boot". Es geht nicht um individuelle Kompetenz bzw. Macht der Bezugsperson, sondern um das Kind, das diesen verschiedenen, oft sehr diskrepanten Einstellungen und Werten ausgesetzt ist.

Hier setzt die Zusammenarbeit zwischen Eltern und Kindergarten usw. ein, in Einzelgesprächen, gemeinsamen Gesprächsabenden, Freizeitaktivitäten oder themenbezogenen Elternabenden. Wir sollten als Bezugspersonen des Kindes, dem Kind im Lernprozeß seiner Entwicklung so wenig wie möglich diskrepante Einstellungen und Haltungen zumuten, sondern ein möglichst hohes Niveau von Übereinstimmungen finden. Es gibt trotzdem noch genügend Widersprüche, an denen wir nichts ändern können. Ein Erstkläßler faßte dies mir gegenüber in einer philosophischen Sequenz zusammen:

„Gell Utz, du bist dazu da, um Sachen zum Guten zu verändern. Aber weißt du, manche Sachen die sind halt so ..."

Die Realität ist leider oft so. Wir sollten vermeiden uns gegenseitig oder uns selbst die Schuld zuzuschreiben, wenn die Wirklichkeit so ist.

Einer ist vom andern abhängig

„Wenn es der Erzieherin gut geht, so geht es auch den Kindern gut." Sie können diesen Satz auch von den Kindern aus formulieren. Sie können ihn auch negativ („nicht gut") formulieren. Der Inhalt konzentriert sich auf den Rückkoppelungsprozeß jeder Interaktion – einer ist vom andern abhängig, jeder wird vom anderen beeinflußt.

Es geht um das wechselseitige Verstehen der Dialogpartner. Ist die Beziehung aufgebaut, gesichert und gefestigt, so gibt es zwischen Erwachsenem und Kind trotz Auseinandersetzung immer wieder das Zurückkommen „ins gleiche Nest", das wechselseitige Einverständnis. Entsteht zwischen Erwachsenem und Kind ein Mißverstehen, so liegt dies nicht „an dem einen", sondern an beiden. (Dies können wir in jeder Partnerkrise selbstkritisch gut nachvollziehen.)

Ein Drittkläßler, Otmar, will bei mir in der Werkstatt im Keller der Beratungsstelle ein „Seifenkistle" bauen (einen kleinen Wagen zum Reinsitzen um Rennen zu fahren).

Mit dem am schwierigsten zu bauenden Teil, der Lenkung, klappt es nicht. Als Otmar merkt, es geht nicht so, wie er es sich vorstellt, wirft er Hammer und Zange hin. Auch für mich – leider nur als Psychologe ausgebildet - stellt das Vorhaben höchste Ansprüche an mein handwerkliches Geschick.

Ich stehe unter Druck und reagiere: „Wenn du nicht weiterbauen willst, mach' ich auch nichts!" Er sagt darauf: „Du bist saublöd, nie kannst du etwas, andere sind schlauer." Da hat er mich am empfindlichen Punkt getroffen – ich setze mich hin und „trotze". Er legt sich auf den Boden und schaut mit Tränen in den Augen zur Decke. Zum Glück schaffe ich noch die Kurve zum letzten Akt. Ich hole Saft und Gläser. „Als überforderte Handwerker, die schwer schuften, müssen wir jetzt erst was trinken." Wir sitzen zusammen und dann gelingt uns auch ein spöttisches Grinsen über unser „beknacktes" Verhalten. Otmar meint dann, daß er mal seinen Vater fragen will, wie eine Lenkung gebaut wird.

Im Alltag des Kindergartens ist es schwierig, die Abfolgen in unserer Interaktion mit dem einzelnen Kind, das „auffälliges Verhalten" zeigt, zu analysieren. Dazu fehlt die Zeit (wir müssen sofort reagieren), dazu sind es zu viele Kinder usw. Worauf es ankommt, ist hier, bei uns selbst zu erkennen, wie wir in solche „Spiralen nach oben" reinkommen. Bestimmte Verhaltensweisen regen mich mehr auf als andere. Sie treffen den „Nerv" bei mir. Ich bin empfindlich gegenüber bestimmten Handlungen z.B.: aggressives Verhalten, obszöne Ausdrücke, völlig chaotisches oder einschmeichelndes Verhalten, rassistische oder frauenfeindliche Sprüche. (Nehmen Sie sich doch kurz Zeit und überprüfen Sie die Verhaltensweisen, die Sie bei den Kindern Ihrer Gruppe am meisten „nerven".) Wir brauchen nicht lange, um als Erwachsene hinter diesen Empfindlichkeiten (und hier sind wir oft überempfindliche Seismographen) bestimmte Haltungen unserer Eltern, die Erziehung in der Schule und spätere Ausbildung usw. zu erkennen, die unsere Sozialisation geprägt haben.

Dieser Prozeß wird in der Psychoanalyse als Übertragung (bzw. Gegenübertragung) bezeichnet. Bestimmte – oft unbewußte – Haltungen aus unseren bisherigen Erfahrungen lassen uns dem Kind gegenüber in spezifischer Weise reagieren.

Eine interessante Idee – zum Weiterdenken für Sie: Wie weit sind Kinder, die auffälliges Verhalten zeigen, für uns auch attraktiv, interessant, anziehend – weil sie uns immer wieder anregen über unsere eigene Person bzw. unser Erleben im reaktiven Verhalten nachzudenken.

Sie regen uns auf – regen uns aber auch an. Sie verbrauchen viel Kraft, um sich bemerkbar zu machen, ihre Botschaft sollte für die Erzieherin auch heißen: Denke über Bedingung, Verursachung, Veränderungsmöglichkeiten nach – dies möglichst mit anderen zusammen. Gehe das Risiko ein und habe den Mut, Deine Verunsicherung zu überwinden und über Dich selbst mehr und intensiv nachzudenken. Wir brauchen diese Reflexionsfähigkeit immer bei der Erziehung: Gerade bei auffälligem Verhalten sind wir oft so stark getroffen, so provoziert, daß unsere eigene Reaktion uns deutlicher zeigt, wo wir hilflos-depressiv, gegenaggressiv, flüchtend, vermeidend oder gehemmt auf Grund der eigenen Belastungen bzw. Erziehungsmuster reagieren müssen.

3. Auffälliges Verhalten in der wechselseitigen Beziehung

Kinder, auch wenn sie noch so „böse" sind – und gerade dann –, brauchen die intensive Beziehung zum anderen. Sie brauchen weniger Er-ziehung und viel mehr Be-ziehung, und eines bedingt das andere. In der Beziehung gestaltet sich die Erziehung. Erst wenn wir eine tragende, persönliche Beziehung haben, können wir damit rechnen, daß das Kind den Erwachsenen, den Erziehenden als positives Modell für sein Verhalten, seine Haltung und Einstellung annimmt – dann erst kann Erziehung stattfinden.
Wenn es uns gelingt, diese wechselseitige Beziehung, diese gleiche „Wellenlänge" zum Kind zu schaffen, kann es vorkommen, daß das Kind dann zur Erzieherin „Mama" sagt und der Mutter den Namen der Erzieherin gibt. Dann müssen Mutter und Erzieherin aufpassen, daß ihre Gefühle von Rivalität und Eifersucht die entwicklungsfördernde Ausweitung des Bezugssystems nicht hemmen.

Wie diese wechselseitige Beziehung zustande kommt, wurde mir am eindrücklichsten deutlich, als ich unsere eigenen Kinder als Babys auf dem Arm hatte und ihnen die Flasche gab. Oft schaute das Baby eine halbe Stunde intensiv in die Augen der Bezugsperson und diese zurück. Die Beziehung zu den Eltern baut sich über tausende Stunden von Pflege, auf den Arm nehmen, trösten, plappern und lächeln, gemeinsame Bewegungen im Tragetuch erspüren usw. auf. Pflege, Zuwendung, Liebkosung, körperliche Nähe – wie wenig Zeit bleibt dazu in der Gruppenerziehung in Relation zu dem, was das einzelne Kind braucht und sich in den ersten Jahren – wenn es familiär möglich ist – auch holt und bekommt.

> Auffälliges Verhalten von Kindern ist – soweit nicht organisch verursacht – zum großen Teil bedingt durch frühe und gegenwärtige Defizite, durch Mängel in der wechselseitigen Beziehung zwischen Kind und Bezugsperson.

Wie es uns schwerfällt, dem Kind, wenn es aggressiv-provozierendes Verhalten zeigt, positive Zeichen unserer Beziehung zu ihm zu geben, so fällt es dem Kind schwer, in der gespannten Beziehungssituation emotionale Zuwendung zu spüren, bzw. rückzumelden.

Diese Kinder mit auffälligem Verhalten sind ausgetrocknete Schwämme, die oft nur tropfenweise Wasser bekommen und es hektoliterweise bräuchten. Es dauert oft lange, bis der Schwamm geschmeidig ist und selbst Wasser abgeben kann.

Wir sind als erwachsene, kompetente, zur Reflexion fähige Erziehungspersonen in der Lage, aus der Spirale der gegenseitigen Ablehnung, dem Rückzug, der wechselseitigen „Austrocknung" auszusteigen und im Dialog notwendige Beziehung zu ermöglichen. Dies erfordert viel Kraft und sehr viel Engagement in unserer Arbeit. Es fordert uns in unserer eigenen Persönlichkeit, besonders auch im emotionalen Bezug.

Parallel müssen wir uns sozusagen das Beziehungsgeschehen von außen im Spiegel anschauen, um in dieser Distanzierung zu vermeiden, in Macht- und Konfliktgerangel hineingezogen zu werden.

Macht und Ohnmacht in Be- und Erziehung

Sie kennen dieses Erlebnis sicher auch: Nach einigen Jahren Ausbildung und Erfahrung mit Kindern meint man, inzwischen ganz schön stabil zu sein. „So schnell kann mich kein Kind aus der Kurve werfen ..." Und dann kommt so ein Kleiner, schmächtig, zierlich, aber frech, und provoziert mich, macht mich lächerlich vor den anderen, grinst mich bei schlimmsten Drohungen nur an – ich liege pädagogisch k. o. am Boden. Der Kleine steht als Sieger mit erhobenem Arm über mir, sein Fuß steht auf meinem Brustkorb ... Dies ist ein Alptraum jedes Erziehenden.

Was an diesem Bild aus der Distanz vielleicht noch humorvoll-ironisch erscheint, ist im Augenblick, wenn wir unsere Verunsicherung, unsere Ohnmacht im Umgang mit Kindern erfahren, für uns „todernst". Es geht an die Fundamente unserer Selbstachtung, unseres Selbstwertempfindens – damit oft an die Grenzen unserer Selbstbeherrschung. Unsere Reaktion gegenüber dem auffälligen Verhalten bei Kindern ist nicht nur Schimpfen und Schreien, wir reagieren ebenso oft auch depressiv und verzweifelt: „Ich mag und kann nicht mehr."

> Im ehrlichen und offenen Fallgespräch mit auch noch so erfahrenen und kompetenten Erzieherinnen wird dieses emotionale Erleben der Hilflosigkeit, der tiefen Verunsicherung, der Angst vor dem Versagen als die größte Belastung im Umgang mit auffälligen Kindern erkennbar.

Diese Gefühle bedrücken uns massiv, lassen uns nicht einschlafen, lassen Kopfschmerzen, Magendrücken, Herzbeschwerden usw. entstehen. Das hier anzusprechen ist mir ganz wichtig. Denn wir gehen ja in der psychosozialen Arbeit oft davon aus, daß die Erziehende stabil, unangreifbar, „darüberstehend" sein muß und nur die „armen Kinder" leiden. Diese haben Ängste, sind verzweifelt, reagieren psychosomatisch in Spannungssituationen. Aber dies entspricht auch genau unseren Streßsymptomen. Wir gehen dann als Erziehende sogar oft so weit, uns abzuqualifizieren, wenn wir leiden, wenn wir den Druck zeitweilig nicht mehr aushalten können. Unter Kolleginnen heißt es dann häufig: „Du bist zu sensibel, zu empfindlich" oder gar: „Du leidest unter dem Helfersyndrom." Dies sind individuelle Zuschreibungen, die nichts verändern.

Es gehört zum Berufsrisiko der Erzieherin, daß sie Angst, Verunsicherung, Hilflosigkeit im Alltag – besonders bei diesen Kindern erleben muß und darunter leidet. Eine Erzieherin, die diese Gefühle nicht mehr erleben kann, hat sich einen Panzer aufgebaut und lebt in Verkrustungen, die sie nicht mehr voll lebens- und erlebnisfähig sein läßt. Die bewußte Wahrnehmung, das reflektierte Eingeständnis von Gefühlen der Hilflosigkeit, der „Unvollkommenheit" ist nach meiner Erfahrung eine der wesentlichen Voraussetzungen, die uns in unserem Beruf gesund überleben läßt (vgl. die Ausführungen zu „Burnout" Seite 88).

Wir dürfen Gefühle der Ohnmacht, der tiefen Verunsicherung – gerade im Umgang mit den hier besprochenen Kindern – nicht wegreden und nicht verdrängen. Vielmehr ist es gut, diese Gefühle (als wertvolle seismographische Botschaften) wahrzunehmen, um dann damit umzugehen. Im Idealfall sollte man mit Freunden im Gespräch schmunzelnd darüber reden können, d.h. Distanz aufbauen und darüber reflektieren können. Es sollte möglich sein, dies in unserem Wertekonzept bzw. unserer Arbeitsmoral als eine Realität aufnehmen zu können und dann auch andere Sichtweisen zu erkennen, um diese Interaktionen anders sehen zu können.

Ich hatte als inzwischen erfahrener Lehrer mit „verhaltensgestörten" Schülern in einer Sonderschule in der ersten Klasse einen kleinen Sintijungen. Er brachte mich zur Verzweiflung. Unruhig machte er ständig anderes, als ich wollte, er lief herum und störte, während ich geordnet unterrichten wollte, äffte mich in Gestik und Mimik nach, wenn ich mit ihm schimpfte. Er lief aus dem Schulzimmer, wenn ich es verbot. Wenn ich ihn zur Strafe hinausschickte, lief er ums Schulhaus, zeigte sich vor dem Fenster und sorgte dort durch pantomimische Darstellungen für ungeheure Lacherfolge in der Klasse. Nach einer solchen, für mich höchst aufreibenden, nervenzermürbenden Stunde hatten wir Turnen. Ich wollte mir mühsam meine Turnschuhe zubinden. Der Kleine rutschte auf den Knien zu mir, schaute mir treuherzig in die Augen und sagte: „Utz, du bist nett, ich bind' dir die Schuhe zu." Ich war dankbar und gerührt. (Hätte ich ihm in der Konsequenz verbieten sollen, mir die Schuhriemen zu schnüren?) Der „Dampf" war bei mir raus. Meine negativen Affekte wie Wut, Ärger, Ohnmacht, Verzweiflung konnten sich in positive verwandeln: „Er ist doch ein netter Kerl" – und ich war zuwendungsbereit.

Wer hat die Macht, wer ist ohnmächtig im Umgang der Erziehenden mit diesen Kindern?

> Auffälliges Verhalten bei Kindern ist in unserem Sinne hier als Botschaft der Ohnmacht, der Verunsicherung, des mangelnden Selbstwertgefühls des Kindes in der wechselseitigen Beziehung zu sehen.

Die entscheidende Frage für uns als erwachsene Erziehende ist: „Wie können wir aus dem Gerangel, aus der Macht-Ohnmacht-Spirale aussteigen und nicht selbst in der Auseinandersetzung so eingebunden sein, daß wir den Überblick nicht mehr bewahren ...? Eine der Möglichkeiten, die mir sowohl im Gespräch mit Erzieherinnen wie auch mit Eltern immer wieder, auch im stressigen Alltag, praktikabel erscheint, ist der Wechsel der Ebenen. Dies heißt, wir gehen nicht auf das ablaufende Konfliktmuster ein (z. B. mit Schimpfen, Drohen, Bestrafen oder Gegenargumentieren), sondern versuchen eine andere „Verständnisebene". Dies darf allerdings keinen Ablenkungsversuch darstellen.

Das Kind weigert sich, z. B. eine Einzelbeschäftigung aufzunehmen. Wir gehen nicht darauf ein, sondern fragen: „Was hast du letzte Nacht geträumt?" „Was würdest du machen, wenn du ein Dino wärst?"

Die Wirksamkeit dieses paradoxen, „verrückten" Ebenenwechsels erkläre ich mir dadurch, daß das Kind etwas Unerwartetes erlebt (der Erwachsene verhält sich nicht wie gewohnt). Die übliche „logische" Konsequenz entspricht nicht dem springenden, kreativen Denk- und Erlebnisablauf des Kindes. Der Erwachsene geht mit dem Kind nicht in „die Spirale hinein". Er versucht nicht durch Machtausübung der Gewinner, die Autoritätsperson zu sein.

Wir hatten im Elterngespräch mit einem Vater viel über die schwierige Konstellation des sehr ordentlichen, pedantischen Vaters und des chaotischen, undisziplinierten Sohnes gesprochen. Ich erklärte die therapeutische Technik der „paradoxen Intervention", d.h., „mach' nicht das Gleiche noch mehr (z.B. schimpfen, zur Ordnung anhalten), sondern versuch' etwas anderes, den Erwartungen widersprechendes".

Der Vater erzählte: „Ich bin heimgekommen. Das Zimmer des Sohnes war wieder ein ‚Saustall'; er weigerte sich aufzuräumen. Ich habe an Sie gedacht, habe streng zu ihm gesagt, er soll sich in den Sessel in seinem Zimmer setzen und zuschauen, wie ich aufräume, er müsse aber unbedingt sitzenbleiben." Als paradoxes Erlebnis erlebt der Vater seit zwei Wochen, daß sein Sohn sein Zimmer mehr aufräumt als früher. Dabei handelt es sich um einen geglückten Interventionsprozeß – man könnte sich auch andere Folgen vorstellen ...

> Die kompetente, erfahrene Erzieherin vermeidet das Gerangel auf sprachlicher-kognitiver Ebene. Ein eindeutiger, verständlicher Satz ist in diesen Situationen wesentlich ergiebiger, als eine halbe Stunde mit dem Kind zu diskutieren.

Statt eines Gerangels um Argumente, die das Kind überzeugen sollen, ist es viel besser, dem Kind über das Haar zu streichen oder es auf den Schoß zu nehmen. Oh wie schön hört sich das wieder an, werden Sie denken, aber wie schwer ist es im Alltag bei auffälligem Verhalten von Kindern umzusetzen. Es ist wichtig zu vermeiden, uns in gegenaggressives Verhalten hineinzusteigern, weil wir ja konsequent sein und dem Kind zeigen müssen, wer das Sagen hat.

Aus unserer Persönlichkeitsstabilität können wir dem Kind unsere Macht zeigen, wenn es notwendig ist (vgl. Regeln und Grenzen). Wir müssen aber sehr vorsichtig sein, sehr empfindsam mit dieser Macht umgehen, denn sie provoziert beim Ohnmächtigen den „Willen zur Macht" (vgl. Alfred Adlers Individualpsychologie). Das Kind aktiviert dann die Kräfte in sich, die sich im auffälligen Verhalten zeigen – statt in der wechselseitigen Beziehung zur Erzieherin oder den anderen Kindern seine Fähigkeiten im Miteinander einzusetzen.

Zuwendung, Beständigkeit, Sicherheit, Vertrauen

Ging es im letzten Abschnitt um die Möglichkeiten der Erzieherin, nicht in das Gerangel mit dem Kind, das auffälliges Verhalten zeigt, hineingezogen zu werden, so sollen im folgenden mehr die Grundbedürfnisse des Kindes besprochen werden. Es gibt Grundbedürfnisse, die notwendig befriedigt werden müssen, damit das Kind dieses abweichende Verhalten als Botschaft und Notsignal nicht braucht. Die Befriedigung dieser Bedürfnisse helfen ihm – und uns als Erziehenden damit auch – aus dem Teufelskreis von Provokation, Aggression, Angst, Hemmung und Verunsicherung herauszufinden.

Kinder, die im Kindergarten auffälliges Verhalten zeigen, sind nicht nur dort und erst jetzt die „Auffälligen". Sie haben eine lange persönliche Geschichte von entbehrter Zuwendung, von vielen Beziehungsabbrüchen, von Frustrationen erlebt, die sie in ihrer Entwicklung massiv verunsichert haben. Ihr aktuelles Verhalten ist Ergebnis ihrer Biographie. Das ist ein Prozeß, der für die Erzieherin oft nicht erkennbar ist, da die entsprechenden Informationen verschwiegen werden bzw. tabuisiert sind.
Die Resultate der vielfältigen gesellschaftlichen und familiären Formen der Kindesmißhandlung (nicht nur der körperlichen) prägen ein Kind. Es lebt auf der Suche nach Zuwendung und Sicherheit, nach vertrauter, konstanter Beziehung, auf die es sich verlassen kann in ständiger seelischer Spannung (in der „Alarmstufe eins"). Symbolisch dargestellt, entspricht dies dem Vogelnest, das in schwankender Höhe doch festhält, wenn sich sorgende Bezugspersonen kontinuierlich um das Wohl des Kindes kümmern.

> Für die Beziehung der Erzieherin zum Kind heißt das: „Was auch immer passiert, wie du dich auch verhältst, ich bin ganz bei dir, ich lehne dich nicht ab, ich verlasse dich nicht."

Im aktiven Zuhören der Erzieherin oder im gemeinsamen Tun mit ihr erlebt das Kind: Die Erzieherin ist ganz nah, ich kann mich auf sie verlassen, ich kann ihr vertrauen. Auch wenn sie manchmal „ernstlich böse" auf mich ist, hat sie mich doch gern und stößt mich nicht weg ...

Bei der großen Zahl der Kinder von Alleinerziehenden – auch in sogenannten geschlossenen Familien ist die Mutter oft die Alleinerziehende – ist dies, als Kompensation der vorausgegangenen Beziehungsabbrüche und Enttäuschungen, die wirksamste Haltung um diese Verletzungen auszugleichen und zu heilen.

Wie oft zeigt sich bei diesen Kindern eine große Angst vor dem Alleingelassenwerden. Die Mutter darf nicht alleine weggehen, das Kind traut sich nicht allein zu Freunden oder in den Kindergarten zu gehen. „Könnte es passieren, daß mich die einzig Verläßliche auch noch verläßt?"

Ängste und Verunsicherungen können sich beim Kind nicht nur in besonders intensiver Anhänglichkeit und Abhängigkeit äußern, sondern auch in massiver Provokation, in Trotz und aggressivem Verhalten gegen die verbliebene Elternperson. („Ist sie mir wirklich so sicher, wie sie mir sagt?")

Eine Mutter erzählt weinend: „Thomas hat mich gestern abend so provoziert, daß ich um Mitternacht so weit war und sagte: ‚Ich pack' deinen Koffer, zieh zu deinem Vater.' Ich weiß, daß es das schlimmste für Thomas war, was ich ihm antun konnte."

Die Erzieherin im Kindergarten hat als wichtigste Bezugsperson für das Kind neben den Eltern die Verantwortung, aber auch die große Chance, über Zuwendung, dauerndes Dasein, über sichere und sichernde Beziehung zum Kind sein erschüttertes Vertrauen wieder zu festigen und ihm das sichere Nest zu bieten, aus dem es auch durch manchmal störendes, nervendes, aggressives Verhalten nicht herausfällt.

> Ich halte sowohl in der pädagogischen als auch in der therapeutischen Arbeit mit diesen Kindern unsere kontinuierliche Zuwendung über längere Zeit, unsere intensive Beziehung, für den entscheidenden Faktor.

Claudius sagt mir, nachdem wir lange miteinander im Spiel und beim Werken unsere wechselseitige Beziehung aufgebaut haben: „Gell Utz, du bist mein dritter Vater. Der erste ist weggegangen, der Freund meiner Mama hat nie Zeit – dich kenn' ich jetzt schon lang und darf immer kommen ..."

Diese Suche des Kindes nach Beständigkeit, nach maximaler Zuwendung bedingt oft auch ein Verhalten des „Nie-genug-Habens – Immer-mehr-Forderns". Dies geht uns häufig auf die Nerven, weil es uns als Gebende überfordert. Es kann uns auch Angst machen vor der großen Verantwortung diesen Kindern gegenüber (für mich z. B. als dritter Vater). Wichtig ist auch hier, nicht unreflektiert mit Abwehr zu reagieren (der will nur immer mehr – die ist nie zufrieden), sondern als Erzieherin das Kind in seinem Grundbedürfnis anzuerkennen: „Du willst am liebsten immer bei mir sein." Wir müssen auch die Realität, die schmerzlich ist, vermitteln: „Ich bin nicht deine Mama. Du darfst aber auf lange Zeit jeden Tag zu mir kommen. Zu Hause habe ich auch Mann und Kinder."

Wesentlich zum Verstehen und im Umgang mit Kindern, die auffälliges Verhalten zeigen, ist ein sehr paradoxes Verhalten: Was ich am liebsten habe, wo ich am sichersten in der Zuwendung bin, da kann ich auch am bösesten sein, da kann ich provozieren, kann mir erlauben nicht zu hören, auf Drohungen nicht zu reagieren ... Gerade die verunsicherten, im Grunde sehr ängstlichen Kinder verhalten sich bei ihrer Mutter, bei ihrer Erzieherin, bei der sie sich sicher fühlen, ganz besonders aggressiv und trotzig. Am Anfang sind sie in der Gruppe in neuer Umgebung, in der Einzelbeziehung mit fremden Personen höchst „angepaßt". Sie trauen sich nicht und machen eher einen gehemmten Eindruck. Das ändert sich, wenn sie dann sicher in vertrauter Umgebung sind.

Der paradoxe Verlauf bedeutet hier: Wenn wir intensiv und pädagogisch richtig arbeiten, haben diese verunsicherten Kinder bei uns, in der Vertrauenssituation, die Chance, sich ihrer Entwicklungsphase entsprechend auch trotzig und bockig verhalten zu können.

Die Entwicklungsphase des Kindergartenkindes beinhaltet, daß es sich in Teilbereichen ablösen kann und muß. Es will seine Individualität, seinen Eigenraum, seine Selbstentscheidung aufbauen. Dies ist in bedrohlicher, unsicherer und einschränkender Umgebung aber nicht möglich.

Christoph, ein fünfjähriger Junge, lebt in einer Familie, in der es viel Gewaltausübung vom Vater (gegen Mutter und Kinder) gibt. Auch die Mutter weiß sich gegen ihre vier Kinder nur noch mit Schimpfen, Drohen und Schlägen durchzusetzen. Als Vierjähriger kam Christoph in den Kindergarten. Die Erzieherin besitzt Aufzeichnungen, in denen sie ihn als ein braves, unauffälliges, eher gehemmtes Kind schildert. Jetzt in der Fallbesprechung schildert sie weinend, daß er ihr die letzten Nerven raubt. Er rennt nur noch in der Gruppe hin und her, quält andere Kinder und richtet sich nicht nach den Anweisungen der Erzieherin. Das anfangs „liebe Kind", das sie so gern hatte, ist jetzt so weit, daß die Erzieherin froh ist, wenn er nicht kommt.

Es ist schwer, dem Kind auch in der massiven Konfliktsituation soviel Verständnis, Zuwendung und Vertrauen zu geben, wie es durch sein „paradoxes Verhalten" braucht und fordert, und nicht in den Teufelskreis zu geraten, in dem das Kind wieder auf Ablehnung und Aussonderung stößt und damit das Stigma des „Gestörten" erhält.

Zeit, Ruhe und „gute Nerven"

Geduld ist für mich die wichtigste Tugend bei der Erziehung von Kindern. Besonders im Umgang mit Kindern, die durch auffälliges Verhalten auf ihren Bedarf nach Zuwendung, nach Liebe, nach Geborgenheit hinweisen, fällt es schwer, die notwendige Ausgeglichenheit, unsere innere Stabilität zu bewahren. Im Kopf ist es uns ja klar – aber in der häufig hektisch-chaotischen Konfliktsituation im Alltag (viele Kinder, keine Zeit usw.) kann die Forderung nach Geduld als eine überzogene wenig verständnisvolle Leerformel abgewehrt werden.

Und doch wissen wir, daß es uns psychisch wesentlich besser geht, wenn wir Zeit und Ruhe haben und wenn wir mit uns selbst geduldig sind, wir sind dann ausgeglichen und entspannt. Um diese innere Stimmung aufbauen zu können, brauchen wir oft Schutzräume (Kirchenbesuch, Meditationssitzungen, Konzertbesuche usw.), denn im Alltagsstreß sind wir dazu nicht mehr in der Lage. Die „Unrast unserer Zeit", die Reizüberflutung, das Zuviel an Angeboten, der Konsumterror usw. führen zu Hektik und Aktionismus. Sie fordern schnelle Entscheidungen und schnelle Lösungen. Sicher sind unsere Kinder, die auffälliges Verhalten zeigen, auch hier die Seismographen für uns, sowohl für die Situation im Kindergarten, wie auch in der Gesamtgesellschaft.

Provokativ könnte man formulieren: Es ist erstaunlich, wieviele Kinder heute noch psychisch gesund aufwachsen, wieviele Kinder in der Kindergartengruppe noch unauffällig sind, obwohl ihre Grundbedürfnisse nach Ruhe, nach Zeit für Beziehung zu anderen Kindern und Erwachsenen oft so wenig befriedigt werden.

Prototypisch meinte meine Tochter, als ich sie fragte, wie es ihr im Kindergarten gefalle: „Alles ist schön, besonders wenn Frau K. mit mir und meiner Freundin spielt, nur eines ist ganz doof, daß es immer so laut ist."
Immer so laut heißt für das Kind wohl, die Außenreize sind zu groß, es gibt zuviel Unruhe, zu wenig gelassenes stilles Zusammensein. Die laute, hektische Situation erleben unsere Kinder nicht nur im

Kindergarten, sondern alltäglich auch zu Hause, auf der Straße, beim Einkaufen ...

Bei Müttern mit pubertierenden Töchtern empfehle ich sehr oft in Beratungsstunden: „Versucht miteinander eine Zeit am Tag zu finden, wo ihr ruhig zusammensitzen könnt, zu Hause bei einer Tasse Tee, nach dem Einkaufen im Café, abends, wenn die kleinen Geschwister im Bett sind ..." Aber wie oft werden diese ruhigen Dialogsituationen aus Unsicherheit abgewehrt, wie oft sind sie im Tagesablauf auch („einfach") nicht möglich wegen der dringenden Erledigungen, noch weiteren Besuchen, Musik, Ballett, Sportstunden, oder weil das Fernsehprogramm den ganzen Tag läuft und „so interessant" ist. Das Problem ist meist, daß man wohl Zeit hätte (immer mehr Freizeit hat), mit der Zeit aber wenig umzugehen weiß, sie nicht zu Ruhe und Erholung, zur Entspannung und ruhiger Tätigkeit nutzt, sondern sich wieder „beschäftigen" muß. Bei Kindern wissen wir beispielsweise, daß der exzessive Fernsehkonsum oft ein Zeichen von Langeweile, von „ich weiß nicht, was ich tun könnte", ist. Setzen wir dem Fernsehen ein schönes Zusammenspielen gegenüber, will ich das Kind sehen, das nicht lieber mit anderen Kindern oder Erwachsenen zusammen etwas macht. Es sei denn, bei diesen Kindern ist die Konsumhaltung (z. B. mit Fernsehen) so stark ausgeprägt, daß sie „Suchtcharakter" annimmt, d. h., man kann sich gar nichts anderes mehr vorstellen und ist abhängig vom Suchtmittel.

Dieses auffällige Verhalten bei Kindern in der Suchttendenz: „Es muß immer was los sein wie im Fernsehen" erleben wir in besinnlichen Zeiten wie Advent und Weihnachten oft extrem. Ein Horterzieher formulierte das einmal so: „Wenn ich dann die Kinder im Kreis sitzen lasse, eine Geschichte vorlese und einige Kerzenlichter in der Dämmerung brennen – dann weiß ich, das hält der Sebastian nicht aus. Er steht auf, fängt an dazwischenzureden, provoziert die anderen und mich. Dann fangen einige andere an, sich ihm anzuschließen – die Stimmung ist weg, und ich fange an zu schimpfen und werde wütend –, das Chaos beginnt.

Auffälliges Verhalten entsteht aus der Überforderung einzelner Kinder, Ruhe aushalten zu müssen – auch das muß gelernt werden.

Auch wir Erwachsenen sind überfordert, wenn wir uns aus einer hektischen, chaotischen Situation ohne Übergang in Entspannung begeben wollen. (Wenn wir z.B. nach einem abendlichen Streit einschlafen wollen.)

Ebenso sind Kinder überfordert, wenn sie aus der Reizüberflutung zu Hause oder im Kindergarten in Ruhe überwechseln sollen. Hier ist ein Lernprozeß über viele kleine Schritte notwendig. Erst die Einübung bringt Erfolge. Die Ruhephasen, das gemeinsame Spielen im Freispiel, die regelmäßig erzählte Geschichte zu einer bestimmten Tageszeit, die Betrachtung eines Bilderbuches auf der Matratze im Zimmereck, die interessierte, hingebungsvolle Tätigkeit mit Puzzle, Lego usw. sind erst möglich, wenn sie regelmäßig eingeübt werden, wenn es eine feste Abfolge, ein Ritual im Ablauf des Tages gibt, das sich immer wieder wiederholt.

Die hektischen, konfliktreichen Phasen gehören zum Alltag im Umgang mit den Kindern, die hier besprochen werden. Sie – wie auch wir als Erziehende – brauchen aber auch die ruhigen Phasen. Wir müssen sie immer wieder einbauen und fordern.

Es ist eine Illusion, wenn von manchen Fachleuten die Meinung vertreten wird: „Gib unruhigen Kindern genug Raum zum Toben, laß sie machen, was sie wollen, sie werden dann schon allein müde und ruhiger. Gib Kindern genug Raum, ihr aggressives Verhalten rauszulassen, dann werden sie schon wieder friedlich."

Kinder, die im gemeinten Sinne mit auffälligem Verhalten reagieren, haben die „natürlichen Brems- und Kontrollmechanismen" oft nicht bzw. nicht mehr. Sie brauchen die strukturierte, lenkende Führung durch die Erzieherin, um auch das Vergnügen, die Befriedigung bei ruhiger Beschäftigung erleben zu können.

Wenn Kinder mit sehr unruhigem, hektischen Verhalten reagieren und stille Beschäftigungen generell nicht aushalten, ist eine diagnostische Überprüfung eines möglichen, auch neurologisch bedingten Hyperaktivitäts-Syndroms dringend notwendig und den Eltern die fachärztlichen Kontrolle zu empfehlen.

Wir dürfen uns im Umgang mit diesen Kindern nicht entmutigen lassen und dürfen in dieser aufreibenden Anleitung nicht ermüden.

Wir brauchen ein Höchstmaß an Langmut, weil nur über langwierige, intensive Beziehungsprozesse so schwierige Verhaltensmodifikationen wie von Unruhe und Hektik zu Ruhe, Entspannung und Ausgeglichenheit zu kommen, zu schaffen sind.

Diese Langmut fordert unsere „guten Nerven", fordert unser „seelisches Gleichgewicht"!
Wir schaffen dies nur, wenn wir uns selbst immer wieder Ruhephasen gönnen können – im Team, beim Teetrinken, in der Mittagspause, beim Gespräch oder abends, in der privaten Freizeit.

Regeln und Grenzen

Kinder, die auffälliges Verhalten zeigen, haben meist sehr viel Ungeordnetes, Nichtkonstantes, Unverstehbares in ihrer Sozialisation erfahren. Deshalb hat die Erzieherin die fast unmögliche kompensatorische (ergänzende) Aufgabe, diesen Kindern immer wieder Klarheit, Offenheit und Struktur zu vermitteln.

Jede kompetente Erzieherin weiß, daß es bei aller Freiheit, die Kinder auch brauchen, feste Punkte im Tagesablauf geben muß, an denen sie sich orientieren können, ebenso Regeln, die das Zusammenleben leichter machen.

Jede Erzieherin hat wohl schon erfahren, wie einzelne Kinder oder auch die ganze Gruppe aus der Bahn geworfen werden können und mit auffälligem Verhalten reagieren, wenn plötzlich eine Erzieherin krank wird, wenn der Raum nicht der gleiche bleibt oder wenn die Gruppe unvermittelt aufgeteilt werden muß. Auch hier reagieren die hier besprochenen Kinder oft massiv mit großer Unruhe, aggressivem und trotzigem Verhalten oder auch mit Rückzug, Sprachverweigerung bis hin zu Einnässen, Weglaufen usw. Die stark verunsicherten Kinder haben ein ungesättigtes Grundbedürfnis nach Konstanz und Vertrauen und brauchen deshalb Ruhe, Sicherheit und Verläßlichkeit.

Dies darf nicht mit einem langweiligen Verlauf des Tages verwechselt werden. Auch Rennen, Schreien, Hüpfen und Fangen sind bei einer richtigen Planung möglich. Sie dürfen aber nicht zum ausagierenden, wilden, chaotischen Tun werden. Die Erzieherin muß auch beim Toben das „Szepter" noch in der Hand behalten und Grenzen setzen können. Aber wie schwer ist dies gerade, wenn sich in einer Gruppe einige Kinder mit auffälligem Verhalten befinden. Wie oft hören wir unter Kolleginnen dann die erschöpfte Feststellung: „Heute war es wieder schlimm, ich bin total ausgepowert."

Noch einmal: Es gehört zu unserem Beruf, solche Situationen durchstehen zu müssen, die Enttäuschung über die Diskrepanz zwischen den „lieben Kindern" und den „Teufelchen" ertragen zu müssen. Es gehört auch zu unserem Beruf, daß wir dann nicht in Resignation verfallen und uns aus dem Frustrationserleben nicht zurückziehen und damit unsere Erziehungsaufgabe nicht mehr aktiv verwirklichen. Es gibt Situationen, in denen wir uns besser zurücknehmen, aber auch dies ist dann von uns gewollt.

Es ist notwendig, daß wir in ausufernden Situationen, wenn das Toben chaotisch wird, wenn Kinder sich gegenseitig quälen bzw. „niedermachen", eingreifen. Wir dürfen nicht an uns selbst und an unserer Berufung als gute Erzieherin zweifeln, weil wir ab und zu schimpfen oder schreien müssen.

Eine verantwortliche, kompetente Erzieherin muß sich auch unbeliebt machen können. Sie muß sich für die Einhaltung von Regeln einsetzen und Grenzen ziehen, selbst auf das Risiko hin, daß sie dann von ihren Kindern als „blöd" und „doof" bezeichnet wird.

Die Grenzen, die wir ziehen, sollen keine undurchdringliche Mauer sein, sondern eher „ein Lattenzaun mit Zwischenraum hindurchzuschau'n". (Christian Morgenstern)

Regeln und Grenzen müssen für die Kinder einsehbar, aber fest sein.

Es ist gut, die Regeln im Raum aufzuhängen und durch gezeichnete Symbole für die Kinder klar darzustellen, daß diese Ge- und Verbotszeichen ständig in der Gruppe gelten.

Ein weinendes Gesicht heißt z.B.: Du darfst keinem absichtlich weh tun. Eine erhobene Hand heißt: Wenn die Erzieherin etwas sagen will, müssen wir still sein.

Das hat den Vorteil, daß wir nicht in jeder Situation auf das „Gerangel: Wer hat recht?" eingehen müssen, sondern auch bei Kindern mit auffälligem Verhalten nur auf diese bildhaften Symbole zeigen müssen, ohne uns als Person in den Konflikt hineinzubegeben.

Für manche Familien mit kleinen Kindern habe ich in meinem Zimmer ein solches Schild aufgehängt. Darauf ist z. B. ein Mund mit einem Finger darauf. Die Gesprächsregel heißt, solange ein anderer spricht, muß ich den Mund halten. (Die Kinder können mich dann schnell darauf hinweisen, wenn ich dazwischenrede – und ich sie auch.)

Auffälliges Verhalten resultiert meist aus der – psychologisch formulierten – „Ich-Schwäche" der Kinder. Sie sind sehr verunsichert und empfinden jeden Eingriff, jede Frustration, jede Forderung als gegen ihre eigene Person gerichtet. Ihr Selbstwertgefühl ist so gering ausgeprägt, daß sie sich in existentieller Bedrohung erleben und entsprechend massiv mit aggressivem Verhalten oder durch extremen Rückzug bis zum autistischen, isolierten Verhalten reagieren.

Es ist schwer für die Erzieherin, das aggressiv-freche, trotzig-provozierende Verhalten als Panzerung des Kindes zu „durchschauen", das Kind zu sehen, das sich unsicher, ohne stabiles Selbstwertkonzept ausgeliefert fühlt. Es fühlt sich einer Situation ausgeliefert, in der es von außen keine sichernde Führung und Leitung erfährt. Aber auch in sich selbst erlebt es unkontrollierte Affekte ohne Grenzen oder sichere Leitplanken.

Wir sollten uns darüber klar sein, daß die hier besprochenen Kinder mehr „Festhalten" brauchen, vor allem im Bereich des sichernden Vertrauens auf eine starke Erzieherpersönlichkeit, auf feste Regeln, Grenzen und Anleitung, welche die Angst des Kindes auch vor seinem unkontrollierten, auffälligen und ausufernden Verhalten beschränken bzw. vermeiden hilft.

Es fällt uns als Erziehende meist schwerer, diese sinnvolle Grenzziehung durchzuhalten, als dem Kind Verständnis und Liebe entgegenzubringen. Die Grenzziehung gehört jedoch dazu.

In bezug auf die Gesamtpersönlichkeit des Kindes mit auffälligem Verhalten, geben wir ihm unsere tiefe Zuneigung und Zuwendung, indem wir sein Ich durch Anleitung, Begrenzung und Strukturierung stärken. Und wieder bewegen wir uns auf dem pädagogischen Hochseil, wo es wesentlich auf unser Ausbalancieren ankommt, wo es keine eindeutige Technik der Stabilisierung gibt, sondern wo es nötig ist, permanent intuitiv zu erfassen, wann klare (auch strenge) Grenzziehung richtig ist, oder wann Ruhe, Abwarten und Raum geben angesagt sind.

Hier sollte die kompetente Erzieherin wieder prüfen, ob die Kinder im Sinne eines „hyperkinetischen Syndroms" eine neurologisch-psychologische gründliche Diagnostik brauchen. Es gehört zu ihrer Aufgabe, die Eltern mit Dringlichkeit darauf hinzuweisen, daß auch sie als Erzieherin für ihre eigene fachliche pädagogische Arbeit mit dem Kind, diese Abklärung braucht.

Freiraum, Phantasie, Kreativität

Erinnern Sie sich bitte: Vergegenwärtigen Sie sich Kinder mit auffälligem Verhalten, die Sie „nerven", die Sie in die Erschöpfung treiben, die Sie aber auch als Erzieherin zu viel Nachdenken provozieren, die Ihr pädagogisches Interesse vermehrt wecken, die Sie neugierig machen, und lassen Sie sich doch etwas Zeit, bevor Sie weiterlesen.

Wenn wir davon ausgehen, daß auffälliges Verhalten wesentlich von uns als Bezugsperson definiert wird, können wir auch die einzelnen Verhaltensweisen von Kindern in der Beziehung zu uns selbst genauer analysieren.

Für uns im psychosozialen Feld arbeitenden Menschen liegt die Begabungs- und Interessenstruktur meist weniger bei den mathematisch-naturwissenschaftlichen Fähigkeiten, sondern mehr im musisch-kreativen Bereich. Deshalb sind die differenzierten mit Liebe ausgemalten Kinderbilder, das intensive Rollenspiel, die ausgeschmückten Erzählungen der Kinder oder ihr fasziniertes, entrücktes Zuhören bei Märchen, für uns die „wahrhaft großen Leistungen" der Kinder.

Provozierend gesagt: Wie schwer tun wir uns, die skurrile Science-fiction-Welt, das geplante Rambo-Verhalten, die ausgeklügelten, gut trainierten Karate- und Kung-Fu-Techniken der Kleinen zu bewundern! Und dennoch kann sich das Kind im Rambo-Verhalten genauso kreativ ausprobierend ausdrücken. Nur wir sehen dann – meist mehr als das Kind – Zeichen der Gewalt, der Aggression, der Destruktion.

Wir definieren es dann als „auffälliges Verhalten" und wehren es ab. Wir sollten diese Verhaltensweisen abbauen.

Kinder brauchen Freiraum, um ihre aggressiven Impulse, ihr Horrorleben bearbeiten zu können, erst dann können wir hoffen, daß sie auch darüber wegkommen. Sie brauchen den Dialog mit uns, um die Diskrepanz zwischen Traum und Wirklichkeit, zwischen Ideal- und Realwelt, zwischen Krieg und Frieden, Leben und Tod zumindest ansatzweise austauschen zu können.

Im Rahmen meiner werktherapeutischen Arbeit lasse ich Kinder auch Waffen bauen und bespreche dabei, daß es mir ein Greuel ist, daran zu denken, wie man mit Waffen andere verletzen kann.

Andreas, ein Sechsjähriger, will drei Speere bauen, lang, dick, mit großer Spitze. (Ich mache sie dann insgeheim stumpfer.) Auf mein Bedenken, daß er damit anderen Leid zufügen kann, sagt er: „Bleib cool, Utz, die brauch ich ja nicht für Menschen, die stell ich vor mein Bett, dann kann ich gut schlafen, dann kommt der schlimme fleischfressende Tyrannosaurus rex nicht mehr. Der hat dann Angst."

Während des Bauens kann ich dann über seine nächtlichen Ängste mit ihm sprechen, sein permanentes Erleben der Bedrohung, er könne gefressen oder zumindest durch die Krallen gepackt und von der Mama weggetragen werden ...

Erst durch das Zulassen seiner Ideen und Impulse kann ich in seine phantasierte Erlebenswelt einsteigen. Ich habe jedoch beim einzeltherapeutischen

Arbeiten einen anderen Handlungsspielraum als die Erzieherin im Kindergarten.

Wir sind ständig in Gefahr, dem Kind durch notwendige Regeln und Begrenzungen nicht den Freiraum zu gewähren, den es braucht, um seine Spannungen ausdrücken zu können. Kinder mit auffälligem Verhalten brauchen diesen Freiraum, ihren Druck äußern zu können. Die Erzieherin im Kindergarten arbeitet durch den institutionellen Rahmen (viele Kinder, wenig Zeit zum Einzelkontakt usw.) unter großen Beschränkungen. Sie denkt immer wieder über mögliche „Nischen" für diese Kinder nach, im Kindergarten selbst oder durch Angebote im therapeutischen oder auch Freizeitbereich außerhalb der eigenen Institution. Im Alltag des Kindergartens entstehen diese „Nischen-Erlebnisse" häufig nach dem Anhören eines Märchens in der Kuschelecke, beim Bau einer Höhle aus Matratzen, beim Malen oder Musikhören mit geschlossenen Augen usw.

Gerade für das Kind mit eher gehemmt-ängstlichen Verhaltensweisen (dem stillen Kind, das wir manchmal fast vergessen) ist diese Erfahrung, seine Hemmung, Unsicherheit, seine Ängste mit anderen austauschen zu dürfen und dabei zu erleben, daß es sich nicht allein so fühlt, ein erleichterndes Erlebnis und ein wichtiger Weg zur Bearbeitung – auch in der Gruppe.

Susanne, fünf Jahre, hat große Angst vor Hunden. Sie ist auch sonst sehr still und zurückgezogen. Ihre Mutter kam auf Anraten der Erzieherin in unsere Beratungsstelle. Nach Absprache mit Mutter und Erzieherin versuchte ich das Symptom nicht durch Einzeltherapie zu kurieren, sondern wir wollten im Alltag von Susanne ihr auffälliges Verhalten und Erleben angehen. Da sowohl die Mutter als auch die Erzieherin sehr aufgeschlossen waren, überlegten wir alle 14 Tage gemeinsam, wie Susanne in Familie und Kindergarten selbstsicherer werden könnte. Wir benutzten dazu ihre Angst vor Hunden als Ausgangs- und Brennpunkt bzw. als Botschaft. Die kompetente Erzieherin plante mit uns zusammen Schritte, wie sie in der Gruppe Susannes Ängstlichkeit begegnen könnte:

– Bilderbuchbetrachtung zu einem kleinen Hund mit allen;

– geleitete Rollenspiele, in der Susanne eine Freundin an der Leine hielt, als „ganz lieben Hund";

– Basteln eines hundeähnlichen Gebildes aus Fell in der Gruppe, mit dem sie dann „versuchsweise" schmuste.

Die Ängste wurden als Wochenthema im Kindergarten mit allen gründlich durchgesprochen. Die Mutter übernahm einen Teil dieser Anregungen und versuchte mit Susanne zu Hause diese Schritte der „Angstreduktion durch Annäherung" zu verwirklichen. Zunehmend malte Susanne Bilder von Hunden oder diktierte der Mutter Geschichten von Tieren, die größer werden und dann stark sind, sich nicht mehr fürchten müssen und mit anderen zusammen „tolle Sachen" machen. Die Geschichten konnte sie dann stolz ihrem Vater (für den sie das „ängstliche Dummerchen" war) und ihrem größeren Bruder vorlesen. Und selbst diese beiden, bisher wenig einsichtigen Männer, konnte Susanne durch ihre phantasiereichen Geschichten faszinieren – und wohl auch ein bißchen mit deren eigenem Erleben konfrontieren.

Wichtig war hier, das Kind in seiner Phantasiewelt, in seinen Ängsten nicht allein zu lassen und der Mutter, aber auch der Familie zu Veränderungen zu verhelfen. Aber auch die Erzieherin brauchte begleitend Stützung, Anregung und Strukturierung.

> In der systemischen Ganzheit der Lebens- und Erlebniswelt des Kindes sind wir als Bezugspersonen aufeinander angewiesen. Wir wollten Alleingänge auf jeden Fall vermeiden! Verantwortliches Erziehen heißt, seine Grenzen in der Kompetenz rechtzeitig zu erkennen und weitere fachliche Hilfe einzuschalten.

Bei dem vorgestellten Beispiel stellt sich wieder die Frage: Wozu braucht Susanne dieses auffällige Verhalten, was ist die Botschaft, die das Kind uns gibt? Die Erklärung ist sehr oft in Phantasieinhalten des Kindes, seiner Kopfwelt zu finden. Diese können wir – zumindest teilweise – über Zeichnungen, Rollenspiele, Erzählungen erkennen und dann verstehen. Wichtig ist aber auch hier wieder, nicht zu „überpsychologisieren", alles „deuten" zu wollen. Das Kind hat auch ein Recht auf einen „Freiraum im Kopf", auf Geheimnisse, die es nicht erzählen will. Es hat ein Recht darauf, sauer zu sein, wenn wir diese Grenzen überschreiten. Wenn es genug Ruhe und eine tragende Beziehung hat, äußert es sich dann schon „freiwillig".

Wir sind als Erziehende nicht nur bei Regelüberschreitungen ständig in Gefahr unsere Geduld zu verlieren, sondern auch oft, wenn das Kind in bestimmten kreativen Tätigkeiten verweilt. Diese brauchen sehr viel Zeit – und viele Kinder können sich diese Zeit selbst auch nicht mehr nehmen. Auch dies ist erklärbar aus der alltäglichen Reizüberflutung.

Imponierend ist, daß immer mehr Familien und auch Kindergärten auf vorgefertigte Konsum-Spiele bzw. Spielzeuge verzichten und zu einfachen, möglichst wenig vorstrukturierten Spielangeboten übergehen. Die Kiste mit Wurzeln und Ästen ersetzt teures Konstruktionsmaterial, Pappfiguren mit Gesichtern können die teuren Kasperlefiguren ersetzen. Ein Werktisch mit Hammer und Nägeln kann viel anregender als das Computerspiel sein. Das selbstgebaute Schiff mit Mast, Ruder, Aufbau und „Kapitänsmännle" aus einfachen Holzstücken gibt mehr Gelegenheit zur Phantasie und macht viel stolzer: „Das ist mein Schiff, ich fahr' jetzt ganz weit weg, das hält bei jedem Sturm ..."

Kinder, die uns durch ihr Verhalten nerven, sind oft durch ihre kreativen Tätigkeiten bzw. Fähigkeiten dazu im Stande, unsere Beziehung auf eine andere Ebene zu heben, sich in ein anderes Licht zu stellen. Wir können dann, auch als Erziehende, die angestrebte andere Sichtweise bekommen. Damit wird die Beziehung wieder veränderbar. Dabei ist es wichtig zu sehen, daß ein Kind, das sonst nur mit elektronischem, hoch technisiertem Spielzeug lebt, völlig überfordert ist, wenn wir es ohne Anleitung vor die Schachtel mit Kastanien setzen und dann kreatives, phantasievolles Spielen erwarten. Es muß langsam heran- bzw. zurückgeführt werden an undifferenziertes, phantasieanregendes Spielen. Es muß sozusagen „gegengeprägt" werden. Das ist ein oft aufreibender Prozeß, denn häufig wehrt sich das Kind zuerst dagegen.

> Kinder, die auffälliges Verhalten zeigen, müssen meist in einem anstrengenden Lernprozeß zu strukturierten, ruhigen Situationen geführt werden – erst dann ist es für sie möglich, ihre Fähigkeiten zur Kreativität, zu Phantasie, zu Ideenreichtum zu verwirklichen, Fähigkeiten, deren Ausdruck und Umsetzung in Handlung gerade für diese Kinder dringend notwendig sind.

Sie ermöglichen die Verarbeitung ihrer Defizite, ihrer früheren Verletzungen, ihres gegenwärtigen Erlebens. Sie steigern jedoch auch ihren Selbstwert durch das Gefühl: Ich kann etwas, auch meine manchmal abstrusen, unverständlichen Äußerungen darf ich offen zeigen – und kann damit sogar imponieren. Ich kann meine Sehnsucht nach Anerkennung (vgl. Grundbedürfnis) in einer positiven, akzeptierten Weise verwirklichen.

Auch hier kann die Erzieherin dann ihre Sichtweise vom Kind mit auffälligem Verhalten häufig verändern, revidieren, erweitern – und staunt was dieses „gestörte" Kind doch für Kräfte und Ressourcen in sich trägt. Gerade diese Kinder sind oft besonders fähig, durch ungewohnte, neue Ideen zu faszinieren – denn dadurch zeichnet sich ja auch ihr auffälliges Verhalten aus. Es entspricht nicht dem „Normalen", ist abweichend vom Gewohnten und kann damit unser besonderes Interesse durch das „Unangepaßte" gewinnen. Die „unangepaßten" Kinder provozieren (unbewußt) das brave, untergeordnete Kind in uns. Wir wehren dann ab, können aber auch sehr stark davon angezogen werden, denn sie bilden in ihrer Freiheit vor Anpassung, im Protest, in ihrer Selbständigkeit, eine unserer großen, angestrebten Idealvorstellungen.

Selbständigkeit, Selbstvertrauen, Mut, Loslösung

Diese anzustrebenden Erziehungs- bzw. Lebensziele gelten sowohl für das Kind als auch für uns Erwachsene selbst – wieder in wechselseitiger Beziehung – als Ideal der Persönlichkeitsentwicklung. Wie jedes Ideal stellen diese Begriffe einen anzupeilenden Endpunkt dar. Der Weg dorthin ist mühsam und dauert manchmal sehr lange. Er braucht viele kleine Schritte, oft muß man ausweichen, einen Schritt zurückgehen, manchmal kann man munter draufloslaufen, dann bremsen Hindernisse wieder das Tempo.
Julia, viereinhalb Jahre, traut sich nicht, den kurzen Weg in den Kindergarten alleine zu gehen. Beide Eltern sind berufstätig, haben ein eigenes Geschäft und wollen, daß ihre Tochter frühzeitig selbständig

und selbstbewußt wird. Julia braucht ihre Mama (Botschaft!), sie will sich auch am Kindergartentor nicht von ihr trennen, jeden Morgen schimpft die Mutter über das „Affentheater".

Im Elterngespräch gibt der Vater an, daß er seine Tochter gut verstehen kann, der Weg birgt ja auch viele Gefahren, und das arme Kind muß dann viele Stunden von den Eltern getrennt sein usw. Die Erzieherin spricht mit Julia. Diese schildert ihre Ambivalenz. Sie will ja allein gehen, aber allein gehen „ist halt doof", sie will lieber von der Mutter gebracht werden. Sie will lieber nicht in den Kindergarten, am Wochenende fragt sie aber, wann endlich wieder Kindergarten ist.

> Im Bereich der Selbständigkeitsentwicklung des Kindes sehen wir sehr gut, wie hinter jedem auffälligen Verhalten – ob es sich als unsicheres, gehemmtes Verhalten oder als aggressive Protestreaktion ausdrückt – meist viel Ängstlichkeit, oft gut verborgen, steht. Ängstlichkeit, die aus einem Mangel an Selbstvertrauen, an Vertrauen in die Kraft der eigenen Person entsteht.

Dies wird besonders bei Forderungen an das Kind (wie später auch bei Jugendlichen oder Erwachsenen) deutlich. Immer wieder wird es in der Entwicklung nötig, neue Situationen anzugehen, bisher Unbekanntem zu begegnen, mit der einschränkenden Realität konfrontiert zu werden. Die aufbauende, aktivierende Kraft ist die Neugier, das Interesse, anderes zu erleben. Die hemmende Kraft ist die Verunsicherung, das Mißtrauen, nicht zu genügen in der Vielfalt der Minderwertigkeitsgefühle. Erst wenn das Kind die bisher fremden Räume und Personen als „sein Nest" akzeptieren kann, wenn es Sicherheit in der bekannten Situation erlebt, kann es in sich selbst, in seiner Selbstsicherheit auch vertrauen. Durch die Integration in der Gruppe, die Anerkennung durch die anderen Kinder, die positive Beziehung zur Erzieherin baut sich das Selbstvertrauen des Kindes auf. Es braucht dann nicht in der ständigen Spannung leben, „was könnte mir alles passieren".

Diese Bedrohung – vor Verlust an Beziehungen, vor dem Alleingelassenwerden, vor dem Unbekannten – führt beim Kind zur Angst. Diese äußert sich dann in auffälligem Verhalten. Jede Erzieherin, die schon länger Umgang mit Kindern hat, kennt diesen psychodynamischen Prozeß. Wir dürfen uns nicht von der Panzerung, von der Maske des Kindes verwirren bzw. provozieren lassen, denn diese Kinder brauchen ihr Imponiergehabe, ihren Protest, ihre Provokation, um sich selbst zu schützen, um ihre Sicherheit in sich selbst und vor anderen zu bewahren bzw. zu demonstrieren.

Der Vater von Julia im oben angeführten Fallbeispiel ist selbständiger Geschäftsmann. Er muß täglich mit vielen Angestellten, Geschäftspartnern und Kunden umgehen, ohne seine Unsicherheit und Ängstlichkeiten zeigen zu dürfen. Sie darf sich kurz im Elterngespräch zeigen. Er bekommt Tränen in die Augen, wenn er an die „Lebensgefahren", die seine Tochter bedrohen, denkt, verstummt aber, als ich auf seine Feinfühligkeit gegenüber den Ängsten seiner Julia anspreche. Auch er hat sich im Laufe seiner Entwicklung Panzerungen aufbauen müssen und spielt seine Rolle hinter der Maske, die der Außenwelt seine Sensibilität und auch seine Unsicherheit verbirgt, die seiner Umwelt dagegen den selbstbewußten und sicheren Geschäftsmann vorspiegelt.

Für Menschen mit diesen Verhaltensäußerungen habe ich für mich den Begriff der „Grenzgänger" gebildet.

Bei Kindern wird dies besonders deutlich bei den „risikobereiten" Buben, die – an sich ängstlich – auf hohe Bäume klettern, sich mit einem abgeknickten Bein an der hohen Turnstange fallen lassen, auf das Dach des Kindergartens steigen, die Erzieherin massiv provozieren usw. Ihr „mutiges" Verhalten entspricht dem Kompensationsversuch, ihre Ängstlichkeit zu überwinden.

Das riskante Verhalten kann aber auch in der Tendenz eine Botschaft zeigen, die für uns Erziehende heißt: Ich fühle mich selbst so unsicher, so ungenügend, darf das aber nicht zeigen und bin deshalb auch bereit, mich selbst zu gefährden bzw. zu zerstören.

Die Minderwertigkeitsgefühle („alle sind mit mir unzufrieden", „keiner mag mich", „ich kann nichts, bin doof") brauchen zur Verarbeitung eine ständige positive Rückmeldung, permanente Ermunterung und Bestätigung im Sinne von „Du bist ok". Gerade bei Kindern, die auffälliges Verhalten zeigen, fällt es uns schwer, durch die Maske des „Kings", des provozierenden „Machos" die Unsicherheit, die Notsignale zu erkennen!

Dabei ist es wichtig, dem Entwicklungsstand des Kindes gemäß, diese positiven Botschaften auch der Realität entsprechend rüberzubringen. Kinder durchschauen sehr schnell, wenn die Ermunterung, das Lob der Erzieherin nur eine Schablone ist und werden dann mit Recht zornig („Du läßt mich ja absichtlich gewinnen!").

Dennoch brauchen diese Kinder – im Bild des ausgetrockneten Schwammes – viel mehr Bestätigung, viel mehr Ermunterung als die weniger im Selbstwert geschädigten, verunsicherten Kinder. Sie brauchen unseren sichernden Halt wie beim Schwimmenlernen; stolz auf sich selbst wird man jedoch erst, wenn es ohne fremde Hilfe geht. Auch dies ist wieder eine pädagogische Gratwanderung: Ich muß dem Kind Halt geben, ich muß es anleiten und führen, muß mich dann im richtigen Augenblick zurücknehmen, damit es zum herrlichen Erleben des „Ich kann's allein" kommen kann. Auch dies geschieht wieder in der intensiven wechselseitigen Beziehung, die im Bild einer Schaukelwaage entspricht: Je mehr das Kind verunsichert ist (auch wenn es sich hinter seinem Panzer verbirgt), umso mehr braucht es unsere liebevolle Zuwendung, unsere Hilfe und Anleitung. Je mehr es selbst tun kann, sich selbst zutraut, je mehr Selbstsicherheit es hat, umso mehr sollten wir uns zurücknehmen, damit es die eigenen Fähigkeiten und Kräfte erlebt und auf sie vertraut.

Für uns Erziehende heißt dies: Wenn Kinder größer und sicherer werden und mehr Selbstvertrauen besitzen, müssen wir uns ablösen können, sie allein machen lassen, ihnen unser Vertrauen schenken. Dies um nicht in die „pädagogische Falle" zu geraten: Ich bin für das Kind ganz wichtig, ich bin ein Teil von ihm, es braucht mich unbedingt, denn: „Ich kann nur behalten (in Beziehung bleiben), was ich auch loslassen kann!"

Wenn professionelle Hilfen nötig werden

Wir sind bei der Erziehung von Kindern, besonders von solchen, die auffälliges Verhalten zeigen, nicht allein. Um das verfügbare Netzwerk von Helfern in unsere Arbeit einzubeziehen, braucht es aber viel Kraft, manchmal auch Mut und vor allem Kenntnis darüber, an welche Personen oder Institutionen wir uns wenden können.

In der Zusammenarbeit mit anderen, einzelnen fachlich spezialisierten Helfern oder Institutionen, können wir Unterstützung bzw. Förderung für unsere Arbeit, für das Kind und seine Familie finden.

In jedem Kindergarten sollte es eine Liste bzw. Kartei geben, in der die regional vorhandenen psychosozialen Adressen im Helfersystem für Kinder und Eltern, aber auch für die Erzieherin selbst aufgezeichnet sind.

Eltern sollten bei auffälligen Verhaltensweisen ihrer Kinder rechtzeitig auf ihre Verantwortung, aber auch auf ihre mögliche Entlastung durch entsprechende,

fachkompetente Stützung und Förderung, Beratung und eventuelle Therapie hingewiesen werden. Es ist gut, wenn die Erzieherin die entsprechenden Beratungs- bzw. Förderstellen (am besten mit einem Prospekt) angeben und empfehlen kann. So z.B.:
– Erziehungs- bzw. Psychologische Beratungsstellen, Familien- und Paarberatungsmöglichkeiten
– Kinderärzte und -kliniken, Kinder- und Jugendpsychiater, Zentren zur pädiatrisch-neurologischen Abklärung
– freie Praxen von Kindertherapeuten, Heilpädagogen, Logopäden, Ergotherapeuten, Frühförderstellen usw.
– die regional zuständigen Mitarbeiter des Jugendamtes bzw. des Allgemeinen Sozialen Dienstes
– bei Einschulungsfragen die Grund- bzw. Förderschulen im Einzugsgebiet, Vorschuleinrichtungen (Grundschulförderklassen), Kooperations- und Beratungslehrer

Die Erzieherin im Kindergarten ist oft die „Erstverantwortliche" zur Einschätzung des auffälligen Verhaltens des Kindes, für sein psychosoziales Wohlergehen, für seine weitere intensive Förderung und für die Entscheidung des weiteren Hilfeprozesses für das Kind.

Die „Letztverantwortlichen und -entscheidenden" sind jedoch die Eltern als Sorgeberechtigte (vgl. KJHG § 1). Die Erzieherin ist in ihrer fachlichen Kompetenz als Beratende die Verantwortliche zur Einleitung einer eventuell notwendigen Verhaltensänderung beim Kind.

Die entscheidende Frage im Umgang mit Kindern,

die auffälliges Verhalten zeigen, ist hier: Wie weit geht die fachliche Kompetenz der Erzieherin, welche Änderungsschritte kann sie aufgrund ihres sozialpädagogischen Wissens, aus ihrer Erfahrung verantwortlich in ihrem Arbeitsbereich angehen? Gibt es Kriterien, die festlegen, wann andere fachlich spezialisierte Helfer – außerhalb der Arbeit im Kindergarten – hinzugezogen werden müssen?

Auffälliges Verhalten bei Kindern muß pädagogisch-psychologisch intensiv angegangen werden, wenn:
1. das Kind selbst darunter leidet, wenn soziale Einengung, d. h. Interaktionsstörungen vorhanden sind;
2. gravierende Störungen im Entwicklungsablauf bestehen;
3. andere (Kinder oder Erwachsene) durch die Auswirkungen dieses Verhaltens wesentlich behindert bzw. gefährdet sind.

Die sozial-pädagogische Erziehung im Kindergarten ist fachkompetent für einen großen Teil der Auffälligkeiten, der Störungen im normalen Entwicklungsverlauf des Kindes: z. B. bei sozialen Schwierigkeiten wie Trotz, Protest, Kontaktproblemen mit Gleichaltrigen, beim Spielen miteinander und vielem mehr.

Bei emotionalen Problemen wie allgemeinen und situationsgebundenen Ängsten: z. B. bei der Trennung von der Mutter, der Ablösung von zu Hause, Unsicherheiten in großen Kindergruppen, vor bestimmten Kindern und auch bei Unsicherheiten des Selbstbewußtseins, z. B. im Umgang mit anderen, „stärkeren" Kindern, bei besonderen Anforderungen im Stuhlkreis, bei Beschäftigungen usw.

Die Kompetenz der Erzieherin bezieht sich wesentlich auf die gruppenpädagogische Stützung und Förderung im Sinne von Beeinflussung – was durch die institutionell vorgegebenen Rahmenbedingungen festgelegt ist. Grenzen der kompetenten Hilfeleistung im Kindergarten sind bei massiven psychischen und sozialen Störungen des Kindes gegeben.

Als Leitlinien können auch hier Kriterien der Abgrenzung aufgestellt werden:
– nach dem Ausprägungsgrad der psychosozialen Schwierigkeit, z.B. sehr starke Trauerreaktionen mit Rückzug und Isolation bei Trennung von der Mutter, eventuell verursacht durch häufige traumatische Erlebnisse
– nach der Chronifizierung, d.h. Dauer und Beständigkeit des auffälligen Verhaltens. Handelt es sich um ein phasenspezifisches, altersentsprechendes Trotzverhalten oder um eine langdauernde Protesthaltung, in der das Kind alles abwehren muß; auch die positive Zuwendung der Bezugsperson
– nach den Bedingungen seines familiären Umfeldes. Eine Abgrenzung, die für die Erzieherin im Alltag sehr wichtig ist. Beurteilt sie die familiäre Störung, die Paarbeziehung der Eltern als primär ausschlaggebend für das auffällige Verhalten des Kindes, so sollte sie sich hüten an diese Problembereiche beratend oder gar behandelnd heranzugehen. Sie würde damit ihre sozialpädagogische Kompetenz in unverantwortlicher Weise überschreiten.
Wir schon oben beschrieben, sollte die Fallbesprechung im Team des Kindergartens ermöglichen, eine Hilfe- bzw. Förderplanung aufzustellen, wie sie im

Rahmen der Jugendhilfe geregelt ist (vgl. KJHG § 36). Zu diesen Hilfeplanungen sollten die Beobachtungen in der Gruppe, Kenntnisse zur Biographie des Kindes und auch eventuelle Rücksprachen (nur mit Genehmigung der Eltern erlaubt!) bei anderen beratend und therapeutisch mit dem Kind bzw. der Familie arbeitenden Institutionen bzw. Mitarbeitern vorliegen.

Zur Kompetenzerweiterung ist es angezeigt, zu Besprechungen der Förderung des Kindes auch andere beteiligte, fachkompetente Mitarbeiter, je nach Schwierigkeit bzw. Situation des Kindes, hinzuzuziehen (auch nur nach Genehmigung durch die Sorgeberechtigten!).

Der Vorteil dieser Helferkonferenzen liegt zum einen in der Möglichkeit, die mannigfaltigen Informationen aus den verschiedenen Sichtweisen ganzheitlich unmittelbar zu erfahren, zum anderen wird die Strukturierung des Hilfeprozesses bzw. -planes wesentlich vereinfacht: Wer ist wie an der Förderung des Kindes bzw. der Familie beteiligt, welches gemeinsame Ziel kann gefunden werden, wer ist verantwortlich für die Koordination, welche weiteren Ressourcen der Hilfe sind verfügbar und müssen zukünftig zugezogen werden?

Diese Helferkonferenzen können mit direkter Beteiligung der betroffenen Eltern durchgeführt werden oder, mit der Einverständniserklärung der Eltern, auch unter den Helfern allein. Denn häufig haben Eltern auch große Ängste, sich in eine solche Runde hineinzubegeben. Dann ist es besser, wenn die Erzieherin allein oder mit einer einzigen hinzugezogenen Helferperson die Beratungspunkte bzw. -ergebnisse mitteilt.

In den meisten Fällen reicht eine mündliche Einverständniserklärung der Eltern, daß Beratungsgespräche mit anderen Fachpersonen außerhalb des Kindergartens stattfinden dürfen.

Zur rechtlichen Absicherung ist es generell sinnvoll, den Träger über solche Projekte zu informieren.

Vor Gesprächen mit außenstehenden professionellen Personen ist es dringend erforderlich, daß die Erzieherin in einem Gespräch mit den Eltern begründet, daß sie diese Besprechungen für die Arbeit mit dem Kind im Kindergarten braucht. Wir sollten auf jeden Fall verhindern, daß Eltern meinen, es würde etwas hinter ihrem Rücken „gemauschelt", über ihr Erziehungsversagen gesprochen, sie würden weiter schuldig gemacht usw. In der Regel sind Eltern einverstanden, wenn wir in dieser Art zur Informationssammlung bzw. Hilfeplanung vorgehen. Damit wird die Wichtigkeit des Wohlergehens ihres Kindes aufgezeigt und der professionelle Arbeitsansatz der Erzieherin betont. Wenn die Erzieherin eine Verweigerung der Einverständniserklärung als höchstwahrscheinlich einschätzt, kann sie zur Stützung ihrer Alltagsarbeit auch eine außenstehende, am Hilfeprozeß für das Kind nicht unmittelbar beteiligte fachkompetente Person, im Sinne einer anonymen Beratung hinzuziehen.

Obwohl es scheint, als ob die Kooperation im Netzwerk professioneller Helfer eine sehr große Mehrbelastung für die Kindergartenarbeit bedeutet, wird bei der Durchführung solcher kooperativer Außenkontakte auch die Entlastung der Erzieherin durch Mitverantwortung und das gemeinsame Bemühen deutlich erlebbar. Außerdem sind solche intensiven, zeit- und kraftaufwendigen Interventionen (zum Glück) nur bei einer kleinen Zahl der Kinder, die den Kindergarten besuchen, notwendig.

Freude und Belastung, Flow und Burnout

Kinder, auch solche mit auffälligem Verhalten, gehören zu unserem Beruf. (Daß die Erzieherin öfter einmal den Wunsch hat, den Tag in der Gruppe ohne diese besonders anstrengenden Kinder verbringen zu können, kann jeder nachvollziehen.) Es gehört zu unserem Beruf, daß wir durch emotionale und soziale Konflikte mit diesen Kindern „genervt" sind, unter Druck geraten und uns öfter „ausgebrannt" fühlen.

Der Umgang mit Kindern kann uns aber auch sehr viel geben. Wir haben den Beruf des Erziehenden ergriffen, weil wir gern mit Kindern zusammen sind und weil wir ihre Entwicklung begleiten und fördern wollen.

> Beides gehört zusammen: Die Freude, das Vergnügen mit Kindern zusammen zu sein und die Belastung, das auffällige Verhalten bei Kindern aushalten und ertragen zu müssen bzw. ständig zu überlegen, wie es zu verändern wäre.

Mit Kindern zusammenzuleben bedeutet Freude und Belastung, Risiko und Chance, persönliche Sinnerfüllung durch bedeutsames Tun und oft auch Versagensängste bzw. Ohnmachtsgefühle zu haben.

Das neue Schlagwort des Burnout beinhaltet das Gefühl der Hilflosigkeit und Ohnmacht, das Gefühl, keine Kraft mehr zu haben. Burnout heißt: „Ausgebranntsein." Die Erzieherin gibt sehr viel und bekommt relativ wenig (z.B. Geld, Sozialprestige, Erfolgserlebnisse, Hilfestellung usw.). Sie reagiert darauf oft mit Lustlosigkeit, Mangel an Motivation und mit Flucht. Am Anfang unserer Tätigkeit sind wir aktiv, denken uns immer wieder Neues, andere Sichtweisen aus. Mit der Zeit kommen wir dann nach und nach in den „Trott", werden weniger engagiert und reagieren mit Klagen und Schimpfen.

Meist handelt es sich um Phasen, die sich abwechseln. In einer Phase sind wir „gut drauf", sind motiviert, haben Freude an der Arbeit und genießen den Umgang mit den Kindern. Je nach persönlicher oder beruflicher Situation, z. B. belastende Erlebnisse mit den Kindern, der schwierigen Gruppe, Ärger im Team oder mit den Eltern oder aufgrund eigener privater Probleme sind wir „schlecht drauf", haben „Null Bock" und suchen nach anderen Tätigkeitsfeldern.

Unsere „Burnout-Phasen" hängen häufig mit den hier beschriebenen Kindern, die auffälliges Verhalten zeigen, zusammen. Sind einzelne oder mehrere dieser Kinder in unserer Gruppe, spüren wir allzuoft die Grenzen unserer Kraft und unserer Belastbarkeit.

Ich versuche oft, dieses Erleben in Gruppen von Erziehenden über die Frage zu thematisieren: „Mit welchem Gefühl kommen Sie morgens in Ihren Kindergarten (Hort, Schule usw.)?" Eine Erzieherin benutzte das Bild des Containers: „Manchmal habe ich viel Raum, meist bin ich aber in letzter Zeit randvoll, hab' keinen Platz (d.h. keine Kraft) mehr, alles soll noch reingestopft werden, ich versuche ständig, rechtzeitig vor dem Überlaufen den Deckel zuzumachen ..."

Dieses Gefühl der Überlastung, aber auch der Abschottung, des „Deckel drauf und nichts mehr an sich herankommen lassen", kennen wir alle. Es ist wichtig, dieses Erleben zu akzeptieren, nicht abzudrängen oder zu tabuisieren. Wir müssen damit zurechtkommen, es entspricht unserem „Berufsrisiko". Wir suchen jedoch nach Möglichkeiten, darüber nachzudenken, Unterstützung zu bekommen, Alternativen zu finden. Wir dürfen „den Kopf nicht in den Sand stecken", gemäß der Devise: „Was ich nicht weiß (erkenne und verstehe), macht mich nicht heiß" (verunsichert mich nicht).

Im Umgang mit Burnout-Phänomenen ist wieder der Perspektivenwechsel wichtig. In unserem psychosozialen Beruf ist das Klagen – über schwierige Kinder, Eltern, Mitarbeiter, Träger usw. – sehr verbreitet. Wir kennen aus der therapeutischen Arbeit die Technik, statt „aber" besser „und" zu sagen. „Ich bin ja gern Erzieherin, aber Kinder wie der Roberto bedeuten für mich nur ‚Streß'."

Wie klingt dies? „Ich bin Erzieherin und Robertos Verhalten ist für mich stressig." Es gehört zu Roberto, daß sein Verhalten oft auffällig, weil unangepaßt und sehr anstrengend ist, und es gehört zu unserer Arbeit, auch mit solchen Kindern zurechtzukommen (es sei denn, ihr Verhalten ist so verstört, daß sie nach gründlicher Diagnostik ein anderes Erziehungs- und Entwicklungsfeld brauchen – und damit in dieser Gruppe nicht mehr tragbar sind).

Die Umformulierung, statt „aber" „und" zu sagen, bedeutet jedoch auch, daß wir bei Roberto die anderen, angenehmeren Seiten sehen können, daß wir im ganzheitlichen Blickwinkel nicht nur sein auffälliges unangepaßtes Verhalten sehen, sondern durch das „und" unseren Blickwinkel verändern, die anderen Segmente von Robertos Verhalten erkennen und sie mehr ins Zentrum unserer Beobachtung und unseres positiven Erlebens stellen.

Als Gegenbegriff zu den beschriebenen Burnout-Phänomenen hat sich das aktuelle Thema des Flow, d.h. der Zufriedenheit, des Glücks herausgebildet.

Im hier dargestellten Problembereich des auffälligen Verhaltens bei Kindern müssen wir uns fragen, wie es kommt, daß wir, obwohl wir manchmal genervt sind, auch viele schöne Erlebnisse im Umgang mit Kindern haben. Die meisten Erziehenden sind – trotz vieler Klagen – in ihrem Beruf zufrieden und wollen darin weiterarbeiten. Dabei ist ein wesentliches Element unserer Zufriedenheit in unserem Beruf unsere eigene Einstufung: Für wie sinnvoll, wichtig und bedeutsam halten wir selbst unsere Tätigkeit? Gerade die Kinder, die am meisten unsere Kraft, unser Nachdenken und unsere Fähigkeiten als Erzieherin fordern, sind oft auch das entscheidende Maß unserer persönlichen Bewertung. „Manchmal würde ich die Claudia am liebsten hinausschicken, ich weiß aber, daß ich zur Zeit die wichtigste Bezugsperson für sie bin ..."

> Flow ist das Erleben von Glück, von Zufriedenheit, von unserer Hingabe in sinnvolle Tätigkeiten – alles fließt.

Dies kann im Freizeitbereich Musikhören, Shoppinggehen, Lesen, Sporttreiben usw. sein. Untersuchungen haben jedoch ergeben, daß dieses Flow-Erleben keineswegs nur im Erholungs- und Freizeitbereich erscheint, sondern wesentlich stärker auch in anstrengender und für uns sinnvoller Arbeit bzw. Berufstätigkeit zur Wirkung kommt. Im Umgang mit Kindern, die auffälliges Verhalten zeigen, sind wir gefordert, wir müssen uns anstrengen – und wir wissen nach einem Tag, was wir „geschafft" haben. Wir sind müde, ja erschöpft und wir erleben dann doch eher Zufriedenheit, ja Glück, als wenn wir „nichts getan" hätten.

> Dies ist wieder eine Gratwanderung. Anstrengung, Forderung bis zur Erschöpfung sind in einem gewissen Maße befriedigend. Sie machen uns durch die erfolgte bzw. erfolgreiche Mühe zufrieden. Werden die Forderungen jedoch zu Überforderungen, dann resignieren wir, werden aggressiv oder erleben depressive Zustände – wir brennen aus.

Im Alltag mit Kindern erleben wir modellhaft häufig den herrlichen Zustand des Flow. Denn Kinder können sich diesem Flow-Erleben ganz hingeben. Sie versinken in einen Zustand des Glücks beim Spiel, beim Malen, beim Bauen. Sie brauchen ihre Umwelt nicht und werden durch Außenreize nicht abgelenkt. Kinder, die auffälliges Verhalten zeigen, sind (wie wir als Erwachsene häufig) nicht fähig, sich ganz einer Beschäftigung hinzugeben – sie reagieren permanent auf die Reize ihrer Umweltsituation und lassen sich ständig in ihrer Hingabe unterbrechen. Diese Spannung, die ein Gegenpol der zufriedenen Hingabe bildet, kennen Erzieherinnen sehr gut. Der Spaß, die Freude, das Erleben von Glück bei angenehmen, erfolgreichen und auch fordernden Tätigkeiten sollte für uns Erziehende das entscheidende Erlebnis sein. Wir überlegen immer wieder, was uns daran hindert, auch mit dem Kind, dessen Verhalten für uns auffällig ist, diese Zufriedenheit zu erleben. Ist es seine Unruhe, seine Hektik, seine Anspruchshaltung oder die Schwierigkeit, mit ihm in Kontakt zu kommen? Sind es eventuell auch Störungen, die aus unserer eigenen Sozialisation, aus besonders empfindlichen Punkten unserer Biographie entstehen? Sind es Probleme, die aus Mitarbeiterkonflikten etc., aus institutionellen Schwierigkeiten herrühren und uns daran hindern, auf das Kind engagiert, interessiert, neugierig zuzugehen?

In der wechselseitigen Beziehung ist es für die Erzieherin von großer Wichtigkeit – im Perspektivenwechsel –, das auffällige Verhalten des Kindes im positiven Aspekt als „Anreiz" für die eigene berufliche und allgemein menschliche Kompetenz zu erleben. Ein „Anreiz", der uns auffordert, unser Engagement zu erhöhen, um auch dieses Kind verstehen zu können, um auch diesem Kind Entwicklungsförderung und -hilfe so zu geben, daß es Freude und Glück erleben kann.

Umgang mit auffälligem Verhalten bei Kindern

Jeder liest sein eigenes Buch; jeder liest es in seinem eigenen Verstehenszusammenhang. Jeder versteht Kinder auf seine Weise; jeder hat seinen eigenen Zugang, seine eigene Möglichkeit, mit Kindern umzugehen. Und doch braucht jeder, der Kinder anleiten und fördern, erziehen will (bei aller „künstlerischen Freiheit") auch brauchbares, erworbenes und eingeübtes „Handwerkszeug".
Die Erzieherin braucht entwicklungspsychologisches und sozialpädagogisches Wissen. Sie braucht Kenntnisse zur gezielten Beobachtung, zur Informationssammlung über die Lebenssituation und zu psychodynamischen Prozessen beim Kind. Ihre Kompetenz liegt im sozialpädagogischen Umgang mit Kindern, einzeln und in der Gruppe. Sie muß fachliche Hilfen rechtzeitig hinzuziehen (medizinische, psychologische usw.), wenn sie die Grenzen ihrer eigenen, berufsspezifischen Kompetenz erkennt.
Die Beziehung zum Kind, ihr intuitives Verstehen und Handeln geschieht auf diesem Hintergrund. Die Verpflichtung, allein und mit anderen gemeinsam über die Gesamtheit von Verstehen und Han-

deln in dieser wechselseitigen Beziehung, in der spezifischen Interaktion zu reflektieren, zeichnet die berufsmäßig ausgebildete Erziehungstätigkeit aus.

Der große Freiraum im Umgang mit Kindern findet seine Beschränkung in unserer großen Verantwortung für die gegenwärtige Entwicklung und die zukünftigen Verhaltens- und Erlebensmöglichkeiten des Kindes.

Im Umgang mit Kindern, die auffälliges Verhalten zeigen, sind die gleichen sozialpädagogisch-psychologischen Haltungen und Werte notwendig wie in der gesamten Erziehung von Kindern. Unsere Fähigkeiten und Einstellungen werden jedoch von diesen Kindern sehr viel deutlicher abgefragt. Und sie stellen uns damit selbst in Frage, fordern sehr viel mehr unsere Fähigkeiten zu Verständnis und Toleranz, unsere Klarheit und Grenzsetzung und unsere Persönlichkeit insgesamt.

Techniken, Rezepte und allgemeine Ratschläge gibt es nicht! Diese Kinder ermöglichen uns aber die Haltung der Verunsicherung, die positiv zum Zögern, Nachdenken und zur Entwicklung unseres Weit- und Durchblicks beiträgt. Dies ist eine Verunsicherung, die uns vor Verkrustungen, vor festgefahrenen Denk- und Handlungsschemata, zu denen wir als Erziehende häufig allzuschnell verführt werden können, schützt.

Jedes Anderssein „verdutzt" uns, schnell sind wir geneigt, es unserer Norm gemäß zu ändern. Kinder, die Verhaltensweisen zeigen, die wir als auffällig, d.h. abweichend bezeichnen, bringen uns immer wieder zur Kernfrage der Erziehung: Was ist das Ziel meiner sozialpädagogischen Bemühungen, was ist die wertvolle Fähigkeit des Kindes, die sich frei entwickeln muß, wo muß ich verändern, um Leid zu vermeiden?

Ein letztes Beispiel zur Veranschaulichung:

Ralf ist Einkoter im dritten Schuljahr einer Sonderschule. Er ist aggressiv gegen andere Kinder und Erwachsene. Er verweigert sich bei Auf- und Anforderungen. In seiner Familie muß er sich gegen die größere, klügere Schwester und das „Sonnenschein-Baby" durchsetzen. Die Mutter ist völlig genervt und sieht in ihm den trotzigen „Hosen-Scheißer", der alles nur gegen sie macht. Wie Ralf in Schule und Hort, so ist auch die Familie insgesamt isoliert. In ihrer Festung kämpft sie gegen die Nachbarschaft im Notquartier. Die Mutter – der Vater ist nicht zum gemeinsamen Gespräch zu bringen – sieht den Teufelskreis, in dem ihr Sohn gefangen ist, sehr wohl: „Manchmal ist er richtig nett, er verteidigt seine Schwester gegen die Großen im Hof, die sie anmachen, er kümmert sich ums Baby, wenn es alleine ist und schreit, er versucht mich zu trösten, wenn ich wieder 'mal weine ..."

Seine Fähigkeit zum Durchsetzen, seine soziale emotionale Einfühlung sind (wie oft bei diesen Kindern) vermischt mit dem aggressiv-provozierenden Verhalten, das ihn zum sozialen „Problemkind" und damit unglücklich macht.

Wie können wir diese Ganzheit differenzieren? Wie können wir Ralf dazu führen, seine Kräfte und seine Power so einzusetzen, daß er selbst nicht so leiden muß und seine Bezugspersonen nicht zu dieser massiven Ablehnung seiner Person provoziert werden? Sein Einkoten, sein aggressives Verhalten als Symptomsprache, ist als Hilferuf zu verstehen. Er weiß nicht, wo er seine Sicherheit, die erforderliche Ruhe und Akzeptanz und seinen Selbstwert finden kann.

Durch das auffällige Verhalten, in welcher Form es sich auch immer zeigt, drückt das Kind seine Unsicherheit aus. Je länger ich mit Menschen, insbesondere mit den hier beschriebenen Kindern, psychotherapeutisch/pädagogisch arbeite, umso stärker wird bei mir die Gewißheit, daß es im Grunde immer um das Selbstwertbewußtsein geht. Um dieses zu fördern, muß zuerst und vor allem anderen die Person des anderen ermutigt werden. Auch bei noch so gestörten Verhaltensweisen müssen alle Möglichkeiten geprüft werden, damit der Betroffene sich sagen kann: „Ich hab' zwar meine Schwierigkeiten im Verhalten (meine Macken), bin aber trotzdem ok."

Wie wir dem Kind, auch dem mit auffälligem Verhalten, dieses grundlegende Selbstwertgefühl in ein Selbstkonzept implantieren müssen, so brauchen wir dieses Selbstwertgefühl auch für uns selbst im Erziehungsberuf, um unsere Unsicherheit, unsere Verunsicherung dem unangepaßten, störenden und verstörten Verhalten gegenüber zu akzeptieren und unsere Angst abzubauen, davon selbst be- bzw. getroffen zu werden. Wir müssen unser Selbstbewußtsein aufrecht halten: Ich bin in meinem Tätigkeitsfeld fachkompetent, bin eine stabile Persönlichkeit

(d. h., ich fühle mich ok) – was nicht heißt, daß ich zeitweise genervt bin, Fluchttendenzen kenne und manchmal zum „Ausrasten" neige. Wenn ich mich so aus der Distanz sehen kann, dann bin ich auch sehr viel offener für andere Perspektiven und kann flexibler auf Alternativen von Verstehen und Handeln eingehen. Dann kann ich im Umgang mit Kindern, die auffälliges Verhalten zeigen, eher die anderen Zugangsweisen für mich wahrnehmen – ohne meine Panzerung der Ablehnung und Verunsicherung.

> Kinder, die uns verunsichern, helfen uns, nicht zu erstarren. Leben heißt, eigene Stärken und Schwierigkeiten zu sehen und zu akzeptieren – erst dann wird lebendige Veränderung möglich.

Zu dieser Lebendigkeit können uns die Kinder, die auffälliges Verhalten zeigen, sehr gut provozieren. Ihre Botschaft „ich brauche Hilfe, ich brauche Sicherheit und Vertrauen in meine Person", sollte Modell für unseren verantwortungsvollen und oft schwierigen Beruf der Entwicklungsförderung von Kindern sein.